匿身

河狸 著

文匯出版社

图书在版编目（CIP）数据

匿身 / 河狸著 . —上海：文汇出版社，2020.5

ISBN 978-7-5496-3148-3

Ⅰ.①匿… Ⅱ.①河… Ⅲ.①长篇小说—中国—当代 Ⅳ.① I247.5

中国版本图书馆 CIP 数据核字（2020）第 050732 号

匿身

著　　者 / 河　狸
责任编辑 / 徐曙蕾
封面装帧 / 叶　茂
策划监制 / 牧神文化
特约编辑 / 王辉城

出版发行 / **文汇**出版社
　　　　　上海市威海路 755 号
　　　　　（邮政编码 200041）
印刷装订 / 上海盛通时代印刷有限公司
版　　次 / 2020 年 5 月第 1 版
印　　次 / 2020 年 5 月第 1 次印刷
开　　本 / 890×1240　1/32
字　　数 / 131 千字
印　　张 / 8.375

ISBN 978-7-5496-3148-3
定　　价 / 45.00 元

- **楔　子**
  001

- **第一章　暴风雨山庄**
  001

- **第二章　碎　尸**
  023

- **第三章　嫌疑人**
  041

- **第四章　不可能犯罪**
  061

CONTENTS

目　录

- **第五章　广义密室**
  079

- **第六章　消失的足迹**
  103

- **第七章　不在场证明**
  117

- **第八章　比拟杀人**
  133

- **第九章　诡　计**
  147

- 第十章 侦 探
  169

- 第十一章 红鲱鱼
  187

- 第十二章 真 相
  205

- 第十三章 动 机
  235

- 尾 声
  253

楔 子

天空。

黑色天空。

宛如黑洞般吞噬了光明的黑色天空。

暴雨。

倾盆暴雨。

仿佛要洗刷掉世间所有罪恶的倾盆暴雨。

人。

犯罪的人。

一个在黑色天空下冒着倾盆暴雨正在实施犯罪计划的人……

匿　身

"该死，这是世界末日要来了吗？大白天的，天居然黑成这样！"一个扎着马尾辫的女孩望着天空愤恨地说。

"不要说话，专心开车。"另一个留着披肩发的女孩提醒道。

"知道啦，不用你提醒，这么大的雨，我车速早就降到二十迈了。"马尾辫女孩不高兴地反驳道。

"雨刷器再调快一点吧，现在几乎都看不清路了。"披肩发女孩继续叮嘱道。

"已经最快了！我说你能不能不要在我耳边磨叽个没完，要不你来开……"马尾辫女孩真的不高兴了，她轻踩刹车，原本就不快的车速更加慢了。

"咣……"

就在两个女孩斗气的时候，车身发出了巨大的声响，仿佛被什么重物击中了一样。

"是落石吗？"马尾辫女孩说话的同时，踩死了刹车，车猛然停了下来。

"后视镜上都是水，什么也看不清。"披肩发女孩说着，按下了副驾驶的车窗，探出头向着发出声响的轿车尾部望去。旋即，她的身体凝固了，任凭雨水打湿了她的头发也毫无反应。

"怎么了?"马尾辫女孩见状着急地问道。

"你好像撞到人了……"

两个女孩顾不得撑伞就跑向车尾的位置。地上确实躺着一个人,旁边还倒着一个拉杆箱。虽然对方的衣服已经完全被雨水打透,头发也胡乱地贴在脸上,但她们还是看出这应该是一个年龄和她们相仿的女孩。

"对不起,我真的没看见你!不是故意要撞你的……啊!"马尾辫女孩蹲下去,想要扶女孩起来,结果却发现她居然戴着一个口罩,被雨水打湿的头发胡乱贴在额头和脸颊上,只露出了一双眼睛,看起来有点吓人。

"不……不是……"不知道是因为紧张还是虚弱,对方说话断断续续的,"不是你们撞的我……"

"那你这是怎么了?"

"好了,不要在这闲聊了,先把她扶到车上再说。"披肩发女孩打断了马尾辫女孩的话,当机立断地说道。

两个女孩费了好大的力气,才把身体瘫软的口罩女孩扶到汽车的后排座椅上,又把女孩的拉杆箱放到了后备厢里。

"不好意思,把你们的车弄脏了。"看着自己沾满泥水的衣服,口罩女孩不好意思地说。

楔子

匿 身

"没关系，反正是租来的车。"

"你别打岔，"披肩发女孩再次阻止了自己的伙伴，开口问道，"你说不是我们撞的，那你这是怎么了？"

"我是一个人跟着旅行团出来旅游的，在上个休息站，我们有几个人从大巴上下来去卫生间，我因为肚子疼多上了一会儿，出来的时候车已经开走了……"不知道是不是终于找到了依靠的关系，口罩女孩显得不那么紧张了，说起话来也连贯多了，"于是我给导游打电话，他说会回来接我，让我往前走一走，迎迎他们。结果走了没一会儿天就阴了，接着就下起了暴雨，我冒雨又走了一会儿，还是看不到大巴回来，就躲在一棵大树下避雨。我想再给导游打一个电话，但是手机没电了。这时，我看到了你们的车，我想搭车，就连忙跑过来，但是你们好像没有看到我，并没有停车，我费尽力气才追上车尾，用手重重地拍了你们的后备厢一下。然后，我就因为力气用尽摔倒了。"

听完女孩的讲述，两个人才知道事情的经过。

"这个旅行团也太不像话了，把游客弄丢了居然还不回来找。"马尾辫女孩义愤填膺地说，"你放心，我带你去追他们，追上了一定帮你狠狠骂他们一顿！"

"谢谢了。"女孩满怀感激地说,"对了,我叫林芸,是名大学生,这次是独自出来旅游的。"

听到对方的自我介绍,披肩发女孩也连忙说道:"我叫欣欣,她是我妹妹羽羽,我们都来自东北,也是出来旅游的。"

"什么姐姐,不过就比我早出生几分钟嘛。"羽羽有些不服气地嘟囔着。

"我刚才就觉得你们长得好像,原来是双胞胎姐妹啊,难怪……"

"对了,我能问你一个问题吗?"羽羽犹豫了一会儿,最终还是说出了这句话。

"是问我脸上的口罩吗?"林芸马上就知道她要问什么,"因为我的脸受过伤,所以我出门都是戴着口罩的。"

这就是三个女孩第一次相遇的经过,然而接下来事情的发展,完全超出了她们的想象。

暴风雨山庄

匿 身

1

雨已经下了将近一个小时，却没有要停下来的迹象，反而越发下得密了。

这辆行驶在省道上的丰田汽车时速已经降到了二十迈，雨刷器也开到了最大，雾灯和远光灯都已打开，能见度依然只有十米。现在才不过下午两点，但天色却一片漆黑，汽车好像在午夜中行驶一般。

忽然间，对面车道驶出一辆疾驰的摩托车，吓得羽羽赶紧把紧了方向盘，生怕撞上对方。还好，对方轻车熟路地从她们的车旁飞驰而过。

"大下雨天还骑那么快，着急投……"这句话刚脱口而出，羽羽立刻发现这诅咒太恶毒了，连忙闭嘴，把最后一个

"胎"字硬生生咽回了肚子里。

在这之后的十多分钟里,车上的三个女孩似乎都被外面的天气所感染,谁也没有说话,车厢陷入一片可怕的沉寂。

最后,还是羽羽打破了沉默:"林芸,我知道为什么大巴没有回来接你了。"

"为什么?"林芸问出这句话的时候,发现车已经停了。

羽羽没有回答林芸,而是向着车前面的方向扬了扬下巴。顺着她所指的方向望去,林芸发现前面的道路上横卧着几块轮胎大小的岩石。

"应该是不久前才从山上滑落下来的吧?"欣欣看着另一侧的山壁说道。

"啊?前面的路堵住了?那我们怎么办?"林芸望着那些石块,有些吃惊地问,"要原路返回吗?"

"没办法,只有先返回上一个休息站了。"羽羽一边说着,一边寻找一块开阔的地方调头,"按照现在的速度,估计要开一个小时才能返回上一个休息站吧。"

汽车依旧保持着时速二十迈的样子在暴雨中继续行驶着。这时,对面驶来了两辆汽车,汇车的时候,羽羽把车窗按下了一些,冲着对方大喊"前面的路被落石阻断了",但对方应该

匿 身

没有听到,丝毫没有减速就和她们擦肩而过。

"等着瞧吧,再过一会儿,他们也会像我们一样原路返回的。本来我们可以一起返回休息站的,他们着急赶路反而耽误了自己的时间,看来起码要比我们晚半个多小时抵达休息站。"

然而,才过了不到十分钟,羽羽就发现自己的想法实在是太乐观了。因为在她们的车前,又横着一块巨大的落石。

"这下完了,我们被堵在里面了。"羽羽说着,重重地按了一下喇叭以示不满。

听到羽羽的话,林芸显得更着急了:"那我们怎么办啊?什么时候会来清障车啊?"

"这么大的雨,恐怕清障车一时半会儿也来不了。"相比另外两个女孩,欣欣显得要冷静得多,"像这种依山而建的盘山道,遇到暴雨天气是很容易产生落石的,落石阻断道路更是常有的事。清障车一般都是等到雨停了才会来的,而且这一路不定会有多少落石,开到我们这不知道要用多久的时间。所以,我们恐怕要做好在车里过夜的准备……"

欣欣的话还没说完,车外就传来一声巨响,车身就好像被追尾了一样,猛烈地震动了一下。

"哇！"林芸吓得尖叫了起来。

羽羽提心吊胆地按下车窗，望着声音传来的方向。发现是一颗篮球大小的石头砸在车的后侧面，把车尾砸出了一个大坑。

看到这种情景，欣欣也沉不住气了："这条路不断有落石被雨水冲刷下来，看来在车里也不一定安全，这块石头还算小的，如果是像阻路的岩石那么大，直接就能把车砸扁吧。"

听完欣欣的话，林芸吓得赶忙拿起了手机。

"我得赶紧打110和119，找人来救我们……"她的话刚说了一半，就凝固在了空气里，几秒钟后，她才脸色苍白地继续说，"完了，手机没有信号了！"

三个女孩，三种不同的状态。

林芸近乎抓狂，举着手机不停地寻找信号。

羽羽手握着方向盘，虽然没有林芸那么慌张，但是从她紧咬嘴唇的样子，可以看出来她也非常着急。

欣欣最为冷静，撑着伞下车以后，她紧紧盯着山坡的方向，时刻警惕着是否再有落石掉下来。

几分钟后，林芸放弃了寻找信号的念头。她走下车，开始四下张望起来，似乎在寻找着什么。

匿 身

"有了！"几分钟后，她终于找到了想找的东西。

"什么有了？"羽羽从车窗里探出头问道。

"羽羽，你赶紧下车。我们去那里避雨。"说着，林芸手指了指烟雨迷蒙的远方。

顺着林芸手指的方向，羽羽和欣欣努力辨认了半天，终于看到了隐藏在摇曳得几乎快要倒掉的大树的枝叶后面的房檐一角。

2

这条道路盘山而建，只有两车道宽。道路的一侧是陡峭的石壁，落石就是从那里滚落的，另一侧则是满是植被的山坡，虽然不像岩壁那么陡峭，但是也看不到任何可以称之为路的痕迹。

"那间房子虽然看起来不远，但是实际距离可能很长。而且这里没有道路，我们只能从山坡和树林中走过去，可能要花上一两个小时。所以这次我们不能带太多的东西，只带上水和食物等必需品，还有手机相机这些贵重物品，其他的换洗衣物什么的都留在车里吧。"

欣欣虽然只比羽羽大几分钟,但是明显要成熟很多。在她的安排下,三个女孩简单收拾了一下行装。车上没有准备雨衣,只有两把雨伞。但是在这样的暴雨里,雨伞根本毫无用处,而且还会成为山间行走的障碍。所以,三个女孩就各背着一个双肩包冒雨上路了。

这是一片大约三十度的山坡,土地被雨水冲刷得湿滑无比,不过幸好周遭都是茂密的树木和丛生的杂草。她们一边用手抓着这些东西,一边小心翼翼地向着远处房檐的方向辛苦前行着。

许久后,浑身都被泥水浸透的三人终于来到了一条勉强可以称之为路的地方。之所以这么说,是因为这条路依然是土路,此刻也是泥泞无比,但是总算平坦了许多,走起来感觉不那么吃力了。这应该就是这里的住户外出的道路吧。

三人沿着这条小路又走了一阵子,终于看到那个房檐的本来面目。这是一栋有着高高围墙的二层小楼,从房檐和围墙的样式来看,这是一栋少数民族的传统民居。

"哇,总算到了!"看到眼前的房子,本来落在最后的羽羽立刻来了精神。她紧跑几步,抢先来到了大门前,然后重重地敲起了大门。

匿 身

咚咚咚——

"有人吗？"羽羽一边敲门一边大声呼喊着。

然而，不知道是屋子里没人还是她的喊声被这隆隆的暴雨声给淹没了，过了好久也不见有人回应。

"怎么办？没人吗？"

就在三个女孩不知道下一步该怎么办的时候，门忽然开了。

不过，门并没有完全打开，而是开到勉强可以让一个人侧身通过的大小。接着，一张满是皱纹宛如童话中巫婆的脸从门缝中出现。

"老奶奶您好，我们是过路的游客，山路被落石堵住了，我们不敢留在车里，怕有危险，所以冒昧来您这避雨……"

羽羽生怕对方把她们当成坏人，所以一股脑地说出一连串的话。

老人上下打量了一下她们三个人，什么也没有说，而是后退一步，侧身让出了门缝。三个女孩见状，连忙一边点头表示感谢，一边挤进大门。

来到院内，她们才发现这里和之前景区的民宿差不多，四周是高高的围墙，中间是一个石板铺成的院子，正对面是一栋

二层的木质小楼。

穿着少数民族服装的老人示意三个女孩跟着她，然后带她们走进了一楼的正房。从室内的摆设可以看出，这里应该是老人的卧室。在室内贴着墙壁的地方，有一张好像壁龛一样很高的床。床边不远的地方有一个火塘，上面架着一口已经烧黑了的铁锅。三个女孩看到火塘边上有几个矮凳，立刻坐了过去，伸出手在火塘上烤火。

几分钟过去了，女孩们因为雨中赶路而紊乱的呼吸终于平稳了一些，身体也在火焰的烘烤下暖和了起来。这时，欣欣才意识到还没有感谢老人，她转过头想说几句客气话，但是却发现老人不知何时已经不见了踪影。

"人呢？"羽羽见状，有点紧张地问。

"不知道啊，我都没有听到她出去的脚步声。"说到这，林芸好像想到了什么，身体打了一个冷颤，"她来开门的时候，好像也没有脚步声。"

"对对，我们进来后，她也没和我们说过一句话……莫非，她不是人？"说到这，羽羽的声音也不由得颤抖起来。

"你们是不是恐怖片看多了！这世界上哪有鬼。"还是欣欣比较冷静，说着她站起身朝着门外走去。两个女孩也都站起来跟在她身后。

她们刚刚来到院子中央，虚掩的大门就被人从外面推开了，吓了她们一大跳。紧接着，那张苍老的脸再次浮现在门缝中。

3

"您……您老人家是什么时候出去的？"望着神出鬼没的老人，欣欣也有点紧张起来。

"不好意思，她听不懂你们的话。"这时，一个年轻男子从老人身后冒了出来，笑着对三个女孩说。他身上也穿着和老人一样的民族服装，裤子已经被雨水浸透，紧紧地贴在腿上。看到这个突然出现的男子，林芸吓得立刻躲到了欣欣的身后。

虽然羽羽也被吓了一跳，但是从他脸上的笑容里感觉他不像坏人，所以安心了一些。这时，她的好奇心开始作祟，于是张口问道："你说她听不懂我们的话？那是什么意思？"

"我们的老祖宗一生下来就住在这里，一辈子没有离开过村子，所以她听不懂也不会说普通话，只会说我们的方言。"

听完男子的解释，羽羽终于弄清楚了上一个问题的答案。

不过，貌似又出现了一个新的问题："你说的老祖宗又是什么意思？"

"就是这位老奶奶啊，"年轻男子说着，转头看了眼老人，"她是我们的族长，也是我们村子里最年长的老人。别看她走路这么稳健，其实已经九十多岁了。所以，我们村里人都管她叫老祖宗。"

听完男子的话，三人一起把目光转向了那位老人。她们本来以为对方不过六十多岁，没想到已经九十多了，真是一点也看不出来。这时，她们再也不像之前那样觉得老人苍老的脸可怕，反而感觉她的身上散发出一种宛如神仙般的气场。

大家回到老祖宗的卧室后，年轻男子做了自我介绍，告诉大家他叫李思。

"老祖宗看到你们来她家避雨，而她又听不懂你们的话，所以刚才特意去找我来当她的翻译。"

听到李思的话，大家才想起来还没向老人表示感谢，于是一起冲着老祖宗行了一个礼。老祖宗见状，连忙挥手示意大家不要那么客气。

"其实今天你们上门，老祖宗还是很高兴的，因为家里好久没来过这么多人了。"

匿 身

"怎么？她这么大年纪是自己一个人住？"羽羽问出了大家心中的疑问。

"是的，老祖宗的老伴，还有她的儿子儿媳妇都已经去世好多年了。老祖宗只有一个孙女，早些年去了城里打工。所以最近十多年来，她都是自己一个人生活。不过，她毕竟是我们的族长，所以在族人面前总是很坚强的样子。但是我们都知道，她其实是很孤单很寂寞的。"

三个女孩都是在离家很远的大城市里工作和上学，李思的话让她们也想到了自己的父母。平时她们只有在节假日才有机会回家看看他们，想必父母也是和老人一样的孤单和寂寞吧？想到这里，三个女孩都低头不语。

看到自己的话让三个女孩有些伤感，李思连忙出来打圆场："老祖宗说，你们的衣服都湿透了，所以她拿了些衣服给你们换。"

这时，三个女孩才看到李思手上还捧着几件民族服装，上面还有一些银饰。

"这些衣服都是老祖宗孙女的，你们可以去她的房里换，就是二楼正对着楼梯的那间。"

听完李思的话，三个女孩就捧着衣服到了二楼的房间。这

里的摆设明显比老祖宗的卧室更接近她们的喜好，一看就是少女的闺房，墙上贴着明星的海报，不过已经很破旧了。明星是十多年前在中国家喻户晓的一位歌星，现在早已经销声匿迹了，看来屋子真的有十多年没有住人。不过室内并没有灰尘，应该是老祖宗会定期打扫吧。

接下来的十多分钟里，几个女孩忙得满头大汗，而让她们感到棘手的就是几件民族服装。这些服装一件衣服分好几层，每层还有不同的部件，完全不知道该如何组合到一起。何况还有那么多银制的首饰，她们甚至都分不清哪些该戴到头上，哪些该戴到手上。

羽羽一度想出去找人帮忙，但是被欣欣拉住了，现在这里的女性除了她们三个之外，就只有老祖宗了。她们和老祖宗语言不通，估计请教她也还是弄不明白。

"如果现在能上网就好了，可以百度了解这些衣服的穿法。"羽羽举着一点信号都没有的手机，叹了口气。

林芸虽然也是第一次穿这种衣服，但是在她的老家也有一些少数民族，所以她或多或少也接触过一些民族服饰。在她反复搭配了几次后，终于找到了正确的穿法。

三个女孩互相帮助着穿好了衣服，又摸索着把首饰也都戴

匿 身

在了身上和头上。穿完后，彼此看了看，发现真的好像在旅游区看到的那些跳舞的少数民族女孩。

"在丽江时，我就想买一套这样的衣服带回去穿，但是一直没有找到合适的店，想不到因为这场暴雨还因祸得福地体验了一下。"穿好衣服的羽羽一边高兴地用手机自拍，一边说，"临走时，我们问问老祖宗吧，看看能不能把这些衣服卖给我们。"

"这恐怕不行，"林芸接话说，"你没听李思说吗，这些衣服都是老祖宗孙女的，我觉得她一定不会舍得卖给我们的。"

听了林芸的话，羽羽有些失落，"唉，那就只有多拍几张照片了。姐姐，你来帮我拍几张。对了，林芸，你也过来，我们三个来张合影。"

"对了，你怎么一直躲着李思？"下楼的时候，欣欣忽然问林芸。

"哪有？"林芸连忙反驳说。

"对了，我也注意到了。你好像一直都不敢正眼看李思。"羽羽插嘴说，"李思长得挺帅的，你是不是对他有想法，所以不敢正眼看他？"

听到羽羽的调侃，林芸更加不好意思了，仿佛让人看到了她隔着口罩的脸挂着的红霞。

"根本不是这么回事,我是怕他觉得我戴着口罩奇怪,才不敢看他的。"

林芸依旧在努力地辩解着,不过这时两姐妹的注意力已经不在她的身上了。因为,院子里正站着三个陌生人。

4

"三位美女,我们是过路的游客,因为落石堵住了道路,我们没办法继续前进,又怕留在车里危险,所以才冒昧来到你们这避雨的。"

看到女孩们走下楼,为首的一个男子笑嘻嘻地开口说。对方和她们一样,也是落难的游客,本应该有"阶级感情",但是不知道为何,看着男子那猥琐的面容,三个女孩都很反感他。他身后那一对情侣模样的男女反而看起来更和善一些。

见女孩们没有回话,猥琐男子连忙又开口说道:"对了,你们是不是听不懂普通话啊?"

欣欣见状,只好开口回答:"不好意思,我们不是这里的主人,我们也是和你们一样来这里避雨的。"

"哦哦,我想起来了,在我们折返后,退路也被落石堵上

匿 身

了,在那我们发现了一辆没人的轿车,我们当时还在纳闷车主去了哪里呢,原来是先我们一步,找到这个绝妙的避雨之地了。"猥琐男子继续笑嘻嘻地说道。

看来他们就是路上和她们擦肩而过的那两辆汽车里的乘客,想不到居然殊途同归,他们最终也找到了这里。看着三个人,欣欣她们在心里暗想。

"对了,我还没自我介绍,我叫白泽,是一名民俗学者,这次是出来采风,打算写一本民俗专著的。"

看到白泽做了自我介绍,那对情侣中的男子也开口了:"我叫陈瑜,这是我女朋友叶潇,我们也是出来旅游的。这位白先生是我们在路上遇到的。"

陈瑜最后的这句话,显然是极力在和白泽撇清关系,看来他也不太喜欢这个面容猥琐、语言轻浮的"民俗学者"。

三个女孩也简单做了自我介绍,然后就带着他们来到了老祖宗的房间,但是屋里却空无一人,不光是老祖宗,就连李思也不见了。

"这个村子里的人怎么都这么神秘?"

就在羽羽低声嘀咕的时候,李思从大门外走了进来,吓得她赶紧捂住了嘴。

"哇,今天这是刮了什么风,一会儿不见,怎么又多出这么多客人。"看到白泽三人湿漉漉的衣服,李思就猜到了他们也是来避雨的路人。

"什么风,当然是狂风了……"白泽看来是个自来熟,然而他自以为很幽默的回答却没有半个人回应,这让他有些尴尬。

"对了,李思。你刚才去哪了?老祖宗又哪去了?"为了打破这尴尬的气氛,欣欣开口问道。

"你不问我还差点忘了,老祖宗说村子里难得有客人来,所以去准备酒席了,她让我带你们去村长家赴宴。"李思说到这,看了白泽他们一眼,接着道,"你们也先去换下衣服,然后跟着一起来吧。"

十分钟后,白泽三人也都换好了干净的民族服装。在李思的带领下,大家有说有笑地朝着村子的深处走去。虽然雨势依然很大,但是因为村子里的树木茂盛,再加上路边民居的房檐和山墙,隔绝了大部分雨水,所以一行人虽然都没有打伞,但是身上却没有怎么被淋湿。

沿着泥泞的石板路走了几分钟,转过一道山墙,眼前瞬间明亮了起来。出现在大家面前的是一所比老祖宗家更加雄伟的宅子，门廊下亮着白炽灯，灯光照射在地面的积水上，发出炫目的光芒。

门廊下面已经站了一个人，看到一行人到来，立刻小跑过来。这是一个穿着和女孩们身上一样民族服装的少女，虽然大家穿着相同的衣服，而且欣欣她们四个女孩也可以说都是美女，但是和来者比起来，还是相形见绌。女孩快跑几步过来，挽起了李思的手臂，看来两人关系很密切。

看着他们亲密的举动，林芸的表情一下子阴沉了下来，幸好有口罩遮着，才没被别人发现。而白泽则直直地盯着那个女孩，口水几乎要流下来。

一行人跟着这对年轻人走进了大门。这里的院子比老祖宗家还要大上一圈，院子中央支起了一个防水的帐篷，帐篷下摆了一张桌子，桌子上摆满了精美的菜肴，而围在桌子四周，已经坐了好几个人。

5

李思安排几个人坐好后，说："大家好，欢迎远道而来的

各位。虽然大家不是专程来我们村子的,但既然各位都是因为被暴雨阻隔来到我们这里避雨的,就说明是老天爷带给我们的客人,我们一定会好好招待大家。"

李思口才很好,看来应该是见过世面的。

"我们的老祖宗已经有人见过了,但是还有几位没见过,所以我再介绍一次。她是我们的族长,也是村子里年纪最大的人,所以我们都叫她老祖宗。你们不要觉得不好意思,她的年纪真的够资格当各位的老祖宗了。"

听到自己被介绍,老祖宗并没有起身,仅仅是伸出宛如枯树枝的手臂,冲着大家招了下手。大家知道,在村民和外人面前,她不可以表现得太热情,她必须维护自己身为族长的威严。

"这位是我们的村长大叔,在我们村子里,大部分事情都是村长负责的,只有重大的事情,才会请老祖宗出面决策。"

李思话音未落,一个留着长须的老人站了起来,拱手向大家致意。

"这位是我们的副村长乌金,因为村长年纪大了,所以去镇上开会、帮助村民传信、给村子里采购生活物资,都是他的工作,我们都亲切地叫他大舅。"

匿 身

"大家好,欢迎各位的到来,我先敬大家一杯。"这位被称为"大舅"的汉子站了起来,他身材高大,言语豪爽,端起一碗酒一饮而尽。

大家望着这位豪爽的汉子,也都端起来自己的酒杯或饮料,跟着大舅一饮而尽。众人中,陈瑜的体格应该算是最健硕的,但是和大舅比起来,还是矮了一截。

"这位是村里的医生,也是最有文化的萨克大叔。"

随着李思的介绍,一个留着山羊胡、戴着眼镜的中年男子站了起来。他身材瘦削,和大舅站在一起就仿佛是《鹿鼎记》里的两个胖瘦头陀。医生不如大舅那么健谈,简单地打了个招呼,就坐回了原位。

李思介绍完几位长者后,继续说道:"这四位就是我们村里最德高望重的长辈,至于我和夏菁——就是这个有点内向的女孩,则完全是因为和你们年龄相仿,才被拉来凑数的。不然怕你们和长辈们年纪相差太多,没有话题,场面尴尬。"

听完李思的话,众人都笑了起来。欣欣他们六个人也都做了自我介绍。每个人的介绍都很简洁,只有轮到白泽的时候,他有的没的说了一堆关于自己民俗学者身份的琐事。说的时候,他的眼睛还不时瞟向几个女孩,但是发现她们并没有投来

崇敬的眼神，不由感到有些失望，只好灰溜溜地坐了下来。

"汪汪……"

这时，不知道从哪里传来了两声犬吠。李思听了，连忙站了起来："对了，我还忘了介绍一位……"

顺着李思手指方向，大家看见在阁楼的门廊下还拴着一只大黑狗。它体形硕大，浑身漆黑，不知是何品种。

"它叫小黑，是我的好朋友。大家别看它长得很吓人，其实很温柔的。平时它都是散养的，是吃村子里百家饭长大的。今天是因为你们这些客人，怕它认生吓到你们，这才把它拴起来的。这不，它不高兴了。"

"把它拴起来太可怜了，还是放开它吧。"羽羽平时最喜欢小动物了，总觉得动物就应该自由自在的。说着，她环视了一下其他客人，"你们有人怕狗吗？"

大家都摇头表示不怕。李思见状，就走过去解开了小黑。小黑知道是羽羽帮它求情，所以特意过来舔了舔她的手，然后一动不动地趴在李思座位下。

天空中依旧暴雨肆虐，而帐篷下却呈现出截然不同的热闹景象。村民们本身就热情好客，客人们又都是年轻人，所以很

匿 身

容易就打成了一片。大家推杯换盏，兴致盎然。

然而，此刻谁也不会想到，一场比起这场暴雨还要严重的危机即将到来！

碎 尸

匿 身

1

这是一条幽僻的山路,除了暴雨砸地的声音以外,再没有其他的声响。

欣欣、羽羽、林芸、叶潇四个女孩,拿着只能充当手电筒的手机,互相搀扶着,沿着这条阶梯摸索前行。

很快,阶梯到了尽头。这是一个用青石铺成的广场,在广场正中间,有一个漆黑的图腾柱,图腾柱下面是一个祭祀用的青石祭坛。时值深夜,月亮又被乌云所遮盖,所以整个广场笼罩在一片黑暗之中,让人望而生畏。

"这里好可怕,我们还是回去吧。"林芸拉着欣欣和羽羽的手低声说。

"不要啊,既然都来了,你们就帮我在这里找找吧。"叶潇

近乎哀求地说。

"是啊,来都来了,还是顺便看一眼吧。"羽羽其实心里也有些害怕,但还是不愿示弱。

"这是我们能找的最后一个地方了,如果这里也没有的话,那问题可就严重了……"话还没有说完,欣欣的视线就凝固在前方的祭坛下面。

在祭坛下面,散落着一些黑乎乎的东西。形状各异,有圆有长。

欣欣揉了揉眼睛,又往前走了几步,并用手机照向那堆东西。当光线触及它们的一瞬间,一晃,然后它们重新隐匿于黑暗中。

欣欣受到了强烈的刺激,用双手捂住嘴巴,手机跌落到地上。

"怎么了?"羽羽、林芸和叶潇也凑了过来。

欣欣没有说话,只是呆呆地望着前方。三个女孩一起把手电筒的光线对准祭坛……

六小时前。

这场酣畅淋漓的酒宴一直持续到深夜,不知不觉间,酒桌

匿 身

上已经越来越安静。

老祖宗不习惯熬夜,很早就回家休息了。

萨克医生显然也不胜酒力,趴在桌子上酣睡了许久。

只有大舅还在频频举杯,他劝酒的对象是客人中仅有的两个男士陈瑜和白泽。白泽此刻也已经趴在了桌子上,而陈瑜也喝了不少酒,身体有些摇摇晃晃的,感觉随时都能睡着。反倒是叶潇颇有巾帼英雄的风范,不停地替陈瑜挡酒,不知不觉间也喝了很多。

欣欣、羽羽还有林芸三个女孩一开始喝的都是饮料,但是架不住主人们的盛情邀请,最后也都换上了酒,还好每个人都只浅尝辄止,所以都还算清醒。

村长不太爱说话,一直静静地坐在那里看着大家,他从来不主动敬酒,但是别人敬酒却也来者不拒,所以也喝了很多。他显然是这群人里酒量最好的,现在依旧很清醒。

李思和夏菁知道酒宴散后他们还要负责安置客人和收拾桌子,所以也都没怎么喝酒。

最后,热情的大舅终于也喝不动了,李思趁机提议今天的宴席到此为止。

这里是村长的家,所以村长直接回房休息了,他告诉李思和夏菁先去安置客人们,酒桌等明早再来收拾。

醉醺醺的大舅搀着医生,说要先送他回家。大家都不放心,因为大舅也喝了很多酒。李思说大舅酒量很好,而且对村子里的地形了如指掌,就算闭着眼睛也可以找到家。大家这才放心让他们离去。

目送大舅架着医生离去后,李思也扶起白泽,叶潇搀着陈瑜,然后由夏菁带路,一行人再次回到了老祖宗的家里。

此刻,老祖宗屋里的灯已经熄灭,看来她早已经睡着了。李思把众人引上二楼,让欣欣她们三个女孩住在老祖宗孙女的屋子里,陈瑜和叶潇两个人住在老祖宗儿子的屋子里。至于白泽,因为怎么也叫不醒,只好丢在最小的一间客房里任他睡去。

示意大家早点休息后,李思就和夏菁离开了。

欣欣她们的屋子里只有一张床,怕她们三个人没法睡,所以李思离开前搬来了几张竹席,让她们打地铺将就一晚。现在正值盛夏,睡在地上也不会很冷。此刻三个女孩就围坐在竹席上,兴高采烈地聊着这一天的见闻。

时间才刚到十点半,若是在城市里,年轻人的夜生活才

匿 身

刚刚开始，几个女孩也因为这一天的经历太过跌宕而有些兴奋。村子里有电，但是没有网，手机依旧没有信号，所以女孩们就分享起旅行中的趣事。可能因为大家都是女孩，而且也有些熟了，林芸终于摘下口罩，她的左边脸上果然有一道长长的伤疤。

几个女孩一边聊天，一边合影自拍，折腾得不亦乐乎。不知不觉到了半夜，女孩们兴奋的神经终于被生物钟打败，大家打着哈欠，很快就躺在竹席上睡着了。

"咣咣咣……"

不知道过了多久，忽然传来了猛烈的敲门声，几个女孩被惊醒。

欣欣第一个站了起来，她下意识看了眼手机，时间显示是凌晨三点。

"这么晚了，是谁敲门？"带着这个疑问，她轻轻地走到门口，问道："谁啊？"

"是我。"门外传来叶潇急促的声音。

听到是叶潇，欣欣连忙打开了门，发现对方正一脸焦急地站在门口。

"叶潇,怎么了?"几个女孩围过来问道。

"我老公不见了!"

2

"他不是喝醉睡着了吗?"欣欣诧异地问。

"是啊,不过他酒量还是挺好的,所以睡了一会儿就醒了。他说要出去方便一下,顺便抽根烟,然后就下楼了。"叶潇焦急地说,"我在床上躺着看小说,看着看着就睡着了。后来,我因为口渴醒了过来,发现他还没有回来,所以连忙下楼去找他。"

"那找到了吗?"

"当然没找到,不然她就不会来找我们了。"欣欣说着,白了一眼问出这个白痴问题的羽羽。

叶潇没有理会这对斗嘴的姐妹,继续说道:"我先来到院子里,但是空无一人,然后我又去卫生间看了看,也没有人。这时,我发现院门是开着的,心想陈瑜他是不是出去了?我出去喊了几声,但是没人回应我。外面实在是太黑了,我一个人不敢走远,所以这才上来找你们。"

匿 身

"那好,我们陪你一起出去找找吧。"听完叶潇的话,欣欣当机立断地说。

几个女孩出了门,来到了楼梯口,客房里传来白泽有节奏的鼾声。看来他还在沉睡,大家放弃了叫上他一起出去找陈瑜的念头。其实就算是他醒着,女孩们也不一定真的会叫上他,因为他那猥琐的容貌比外面的黑夜还要恐怖。

几个女孩来到大门外,见大雨还没有停歇。大家打开手机的手电筒,开始一边喊着陈瑜的名字一边寻找起来。

老祖宗的房子位于村口,通往村外的路一片漆黑。几个女孩决定先在村子里找找。

村子里只有一条主路,房子都是贴着这条路分列而建,所以路况并不复杂,大家只需要沿着石板路一直走就可以了。沿途的每一户人家都大门紧闭,村民们早都已经进入了梦乡,作为外来者陈瑜,人生地不熟的,不可能擅闯村民的家。女孩们沿着街道一直往前走,不知不觉间,来到了村长家门口。而那,正是村子最后的一栋房子。

"怎么办啊?到处都找不到陈瑜!"本来以为陈瑜只是外出溜达溜达醒醒酒,然而现在找遍了村子也不见踪影,叶潇真的开始着急起来。

"要不,我们去找李思吧,他也许知道这里有什么我们不知道的隐秘地方,也许陈瑜在那里迷路了也说不定。"林芸提议说。

"可是,我们不知道李思住在哪啊?"欣欣说。

"这还不简单,我们先去找村长,让他带我们去找李思不就好了。"这一次,羽羽的反应还是蛮快的。

"不好吧?村长年纪很大了,而且喝了很多酒,现在应该也睡着了,我们打扰他休息是不是不太好啊?"欣欣说出了她的顾虑。

"陈瑜一个大活人在村里失踪了,出了这么大的事,叫醒他应该没什么问题吧?"羽羽反驳说。

"你们先别吵,看,这里好像还有一条路。"

正剑拔弩张的两姐妹立刻被林芸的话吸引了注意。

这是一条建在两棵大树之间的石板阶梯,因为隐蔽在茂盛的枝叶下,加上漆黑的夜色,所以大家之前并没有发现。

石阶一直绵延进漆黑的夜色中。欣欣用手机照了照,却只能照出五米远的距离。

"这里是什么地方?感觉好恐怖的样子。"看着黑漆漆的石阶,林芸有些胆怯。

"陈瑜有可能是走进这条路了,你们陪我进去找找吧。"这条突然出现的通道对叶潇来说就宛如救命稻草一般,她不顾面子地哀求着大家。

欣欣看了看几乎要哭出来的叶潇,又看了看那漆黑的石阶,沉思了几秒,开口道:"好,我们上去看看!"

3

三部手机的手电筒同时照向了那堆东西,几秒钟后,其余三个女孩的反应也都和欣欣一样,惊慌失措地捂住了嘴。

那些散落在祭坛下面,形状各异的东西,赫然是一堆人体的残肢!

四个女孩只惊呆了不到三秒,就惊恐大叫着转身跑下了阶梯,连掉在地上的手机都忘了捡起来。

石阶本来就陡,再加上雨天湿滑,几个女孩摔倒了好几次,羽羽还差点滚下楼梯,幸亏被欣欣一把拉住。她们狼狈不堪地一直跑到村长家的门口,顾不得夜深人静,死命地拍起门来。

几分钟后,村长披着衣服打开了大门。看着女孩们惊慌的

样子，也不由得紧张了起来。

"发生什么事了？"李思从村长家对面的大门里探出头来问道，原来他就住在村长家对面。

"陈瑜被杀了！"羽羽用近乎尖叫的声音喊道。

叶潇此刻已经身体瘫软，不知道因为害怕还是悲痛，"扑通"一声倒地，昏死过去。

李思一边和村长把叶潇抬进屋里，一边询问发生了什么事。几个女孩中，欣欣算是最冷静的，她平复了一下情绪，把事情的经过说了一遍。

听完欣欣的讲述，李思和村长对望了一眼，眼神中也透着恐惧。

一般来说，在自己的村子发生了命案，身为村长和村里的壮年，肯定是要第一时间去现场看看，然而他们两个人却完全没有前去查看的迹象。欣欣见状，感到很诧异。

"你们不去现场看看吗？"因为事态紧急、人命关天，所以欣欣也不愿意过多猜测，直接问出了心中的疑问。

"现在？"村长像是在自言自语般地嘀咕。

"是啊！就是现在！"羽羽有些按捺不住，上去拉着李思

匿 身

的手就要往外走。

"等等!"李思一边挣脱开羽羽的手,一边着急地说。

"都出人命了,还等什么等?"

"是啊,你们两个大男人怎么这么胆小?"

就在几个女孩七嘴八舌地数落他们的时候,门外忽然传来了一个洪亮的声音:"他们不是不敢去,而是不能去。"

女孩们回过头去,发现是大舅披着外套从外面走了进来,后面还跟着夏菁。

"他们为什么不能去?"几个女孩不解地问道。

大舅看了看三个女孩,又看了看村长。在得到村长的首肯后,他才一字一顿地说:"因为那里是村里的圣地,在日出之前,任何村民都不能踏进那里半步!"

4

"据说在一百多年前,村子里忽然蔓延起了可怕的瘟疫,死了很多人。后来有一个游医路过村子,看到村民们被瘟疫困扰,就决定留下来帮大家治病。他先将已经病死被埋葬的村民尸体挖了出来,然后集中在广场上用一把火焚烧掉。这一举动

让死者的家属难以接受，大家扬言要杀死他，但是他毫无畏惧，苦口婆心地向大家解释这是病源，必须被烧掉。后来，他在当时族长的支持下，一边烧掉病死村民的尸体，一边给患病的人服用他调配的汤药。一个月后，病人都奇迹般地痊愈了，在这一个月里也再没有任何人死掉。从那以后，那名医生就被村民们奉为神医。而他则与村中一位女孩相爱，从此就定居在这里……"

李思的故事还没讲完，就被羽羽粗暴地打断："我们让你们解释为什么现在不能去那个广场，谁让你给我们讲故事了。"

"你别着急啊，听我继续说，马上就要到重点了。"李思示意羽羽冷静，继续没讲完的故事，"你们刚才说的那个广场，就是当初焚烧尸体的地方。白天，医生和村民围得严严实实地把尸体抬到广场上烧掉，到了晚上，那里就成为了禁地，不许任何人靠近，医生是怕有人误入感染病菌。等到疫情结束，这个习惯就一直延续了下来，大家白天有事可以去广场祭祀，但是太阳下山后，任何村民都不许靠近。久而久之，这就成了村子里一个妇孺皆知的村规，那就是太阳下山后到次日太阳升起之前的这段时间，所有的村民都不许进入广场！"

匿 身

"你的意思是,我们必须等到日出才能去那?"听完李思的话,欣欣问道。

"是。"

"但是天一直在下雨,如果今天还是阴天,一直不出太阳怎么办?难道我们就一直不去了吗?"羽羽激动地问。

"这种情况以前也发生过,当然,我不是说死人,而是说在阴天我们也必须要进山祭祀的情况。当时的族长和长老们经过商议,决定由晚上五点到早上五点这个时间表代替原先村规里的日落日出。也就是说当天傍晚五点以后到次日清晨五点前这十二个小时里,任何人是不准进入广场的。"

听完李思的补充,几个女孩都下意识地看了眼手表,时间显示是四点,也就是说再过一小时大家就可以进去了。既然村民们都一再坚持,她们也只好入乡随俗。

"你们村子里的每个人都一定会遵守这个规定吗?"虽然不再要求他们马上前往残肢所在地,但是羽羽的嘴却没有闲着。

"这是一定的!"这次说话的是大舅,"这里的村民从小就会被告知那里是禁地,晚上绝对不可以靠近,所以不管是刚

会走的小孩还是七八十岁的老人,绝对不会有人在晚上走进那里。"

"那像我们这种误入那里的人,又会怎么样呢?"一直没有开口的林芸躲在欣欣身后,低声地问。

"因为我们村里很少来客人,所以这种事情还是第一次发生。不过,不知者无罪,你们不知道规矩误闯圣地,我想只要以后注意,应该不会有什么关系的。"村长说完,几个女孩总算放下了心来。

"我说怎么到处也找不到人,原来你们都在这里。"

就在大家凝重地守着规定时间点的到来之时,门外传来了白泽特有的公鸭嗓音,紧接着那张猥琐的脸出现在了大门口。

5

"我昨晚喝得太多了,一觉睡到这个时候,我起来想要去上厕所,路过你们房间时发现里面都没有人,吓了我一大跳。我还以为你们被什么山妖野兽抓走了呢。"

一如既往,无人回应白泽的没品冷笑话,他只好尴尬地继续说:"我在院子里找了找,还是不见你们的踪影,就到外面

匿 身

继续找，这一路找来，所有大门都还关着，只有村长家的门是开着的，所以我就冒昧地进来了。"

"你的房间在楼梯口，我们的房间在走廊深处，你下楼上厕所是怎么路过我们门口的呢？而且我们走时房门都是关着的，你又是怎么发现我们都不在的呢？"欣欣望着白泽，冷冷地问道。

其实白泽是睡到一半被尿憋醒了，上完厕所回来后，想起几个女孩应该就住在隔壁。现在天气炎热，他想她们睡觉时一定穿得很清凉，所以打算去偷窥。结果来到门口，顺着门缝望进去，里面却空无一人，他赶紧跑到了陈瑜和叶潇的房间门口窥探，发现也是空无一人。因此，这才一路追寻过来。这些白泽自然是说不出口的，他思索了半天，还是想不出怎么来圆自己的谎话，只好赶忙岔开话题。

"这个……不要在乎那些细节。对了，你们为什么都聚在这里？"

李思一听，赶忙帮着打圆场，就把发生的事情连同村规由来的故事单独给白泽讲了一遍。

白泽显然很感兴趣，当听到祭祀广场的残肢时，他眼睛一亮——平常除了喜欢研究民俗风物，他的另一个爱好就是看推

理小说，现在可不就是一个大展拳脚俘获美女们芳心的大好时机送到了眼前！

就在大家如坐针毡的时候，时间终于到了五点。一行人正要出门之际，叶潇也醒了过来，她执意要跟着一起去。大家拗不过她，只好同意，但是叮嘱她一定要控制好自己的情绪，叶潇抽泣着答应了。

天空依然乌云密布，暴雨丝毫没有减弱的迹象。

李思拿着手电，和大舅走在前面，夏菁搀扶着村长跟在后面，再后面就是欣欣她们四个女孩，无人理睬的白泽则灰溜溜地跟在最后。

李思两人先到了广场，并没有马上去祭坛下面查看，而是等到所有人都登上阶梯后，才小心翼翼地接近祭坛。欣欣让羽羽和林芸扶着叶潇，跟在李思他们身后凑了过去。白泽虽说喜欢推理小说，但是让他去近距离观察尸体是万万不敢的，所以站在远处，装出一副掌控全局的模样注视着大家。

"咦？"李思走到距离祭坛还有一米远的地方，忽然停了下来。

"怎么了？"大舅虽然也与祭坛近在咫尺，但是因为还没完全醒酒，眼睛一直不能完全对焦。

匿 身

"那好像不是陈瑜……"

"什么?"听到李思的话,欣欣急忙挤了过来。这时,她赫然发现被砍下的头颅上留着胡子,而陈瑜是没有胡子的!

"果然不是陈瑜,那会是谁?"

李思没有理会欣欣近乎自言自语的问话,向前走了两步,在残肢跟前蹲下,用手电照着残肢,轻轻地把头颅转了过来。

当头颅的本来面目展现在眼前的时候,三个人都忍不住惊叫了起来。

"怎么了?"看到三个人的异样,村长焦急地问道。

"尸体不是陈瑜。"欣欣这句话既是回答村长,也是为了让叶潇放心。听到她的话,叶潇"呜呜"地哭了起来,心中如释重负。

"不是陈瑜,那尸体是谁?"被众人排除在外的白泽终于有机会插嘴了。

"是萨克大叔……"李思的声音颤抖着眼泪忍不住流了下来。顷刻,泪水与雨水交融,从脸上滑落到地上的青石板上。

嫌疑人

匿 身

1

半小时后,一群人再次聚集在村长家,讨论下一步该怎么办。

萨克医生的尸体残骸还放在祭祀广场的原位上,本来大舅想把它们搜集起来带下山,但是白泽说最好不要改变现场,因为很可能会破坏证据。这一次,大家都很赞同白泽的观点,这让他有点飘飘然。最后,李思找来了一块塑料布,将医生的尸体残骸盖上,防止这不知何时才能停止的暴雨冲刷掉线索,同时也是让这位生前受人敬仰的医生的尸体不至于被暴雨继续摧残。

"我们还是报案吧。"李思说。

"报案?可是我们的手机都没有信号啊。"欣欣终于捡回了

掉落在广场上的手机,经过一小时雨水的冲刷,早就无法开机了。

"没关系,虽然手机没有信号,但座机还是好用的。"村长说完,转身走进卧室去打电话报警。

"对,我几乎都忘了还有座机这种东西。现在除了企业以外,几乎没有人用座机了。"看着村长的背影,欣欣感慨地说,"然而,科技再进步,也还是有它的弊端。就好像手机的功能再强大,一旦没有信号,也只能沦为摆设。这时,功能单一的座机反而更加可靠。"

很快,村长打完电话回来了。他对大家说:"我已经报警了,不过110接线员说,从市区到我们这里沿途有十几处落石,交通部门正在冒雨清障,但是因为雨还在下,一直不断有新的落石阻断道路,所以清障进度很缓慢。他们也不确定什么时候可以派人来。"

"那怎么办?"众人异口同声地问。

"警方说,一旦道路畅通后,他们会第一时间派人过来。这期间,他让我们注意保护好现场,然后也要注意自身安全,因为杀人分尸的凶手很可能还潜伏在村子里。"

听到这句话,林芸吓得脸色苍白,下意识地拉住了欣欣和

匿 身

羽羽的手臂。

"所以,从现在开始,大家都不要单独行动,就算上厕所最好也结伴同行。因为这个外来的杀人魔很可能还在村子里。"

听到大舅的话,白泽沉思了一下,开口道:"听大舅的意思,是说这个杀人凶手是外面的人?你怎么就能断定不是村里人呢?"

"这还不简单,村子里的人在夜晚绝对不会进山去分尸,所以凶手一定是外人。"大舅说到这,冷冷地看了一眼白泽,"当然,这些外人里也包括你们!"

听到这句话,屋子里立刻炸锅了。

"大舅,你这话是什么意思?你是说凶手在我们之中?"虽然身为客人,但是受到这种无端的猜疑,欣欣还是不得不站出来为己方辩解。

"我可没这么说,我只说你们很可疑。"大舅一改昨天的热情,脸色阴沉了下来,"我们村子这么多年来一直和和睦睦,平时连打架都没有。结果你们昨天刚来,今天就发生了命案。而且案发的地点是本村村民绝对不会在夜里前往的广场,那么凶手肯定就是不受村规束缚的外来者。对了,那个叫陈瑜的不

是失踪了吗,他很可能就是畏罪潜逃了……"

"你胡说,陈瑜才不会杀人!"听到对方怀疑自己的老公,叶潇终于也沉不住气了。

"那他平白无故怎么失踪了?"大舅不依不饶地说。

"这起案件,我觉得你们村民也不一定就能脱得了干系!"白泽觉得这是让女孩们认同自己的最好时机,所以立刻出来站队。

"我不是说了,村民是绝对不会在夜里前往广场的。这个条件就足可以把所有村民的嫌疑排除了。"

大舅的怀疑虽然让人不满,但是不得不承认他的逻辑没有错。如果夜里不能进山真的是从小就灌输给村民不可抗拒的规定,那么是可以排除所有村民的嫌疑。想到这里,几个女孩对视了一眼,不知道该如何反驳。

白泽看到女孩们的表情,知道自己表现的机会终于来了:"如果村民利用外来人运送尸体,那不就也都有了嫌疑了?"

听到白泽的话,大家都把注意力转向了他。他也显然很享受这种关注,于是模仿着推理小说里名侦探的样子,开始了他的推理秀……

2

"假设杀人凶手是本村的村民，他确实不能亲自在夜里去广场分尸，但是他却完全可以在广场之外的地方，例如自己的家中或者其他不为人知的地方杀人分尸，然后再让不受村规限制的外来人——例如陈瑜——把尸体残骸送到广场上。这样一来，不光是我们这些外来者，你们所有的村民也都可能是凶手！"

白泽的话让大舅无言以对，这种可能确实是存在。

"不过，陈瑜为什么要听凶手的话，帮他运送尸体呢？"李思提出了一个疑问。

"有可能他和凶手是认识的。"白泽分析说。

"不可能！"这时叶潇忍不住插嘴了，"陈瑜和我都是第一次来这里，他不可能认识这里的村民。"

"那很可能就是受到了胁迫，例如凶手用你的安危威胁他，说如果不帮忙的话就会对你不利，所以他才迫于无奈帮着凶手运尸的。"

听到这里，叶潇没法再反驳，想着白泽说的话，不禁又蹲

在地上呜呜地哭了起来。

"你……你先别哭。我说的只不过是假设,帮助运尸的不一定就是陈瑜,也可能是别人。"白泽看到叶潇的样子,立刻怜香惜玉起来,连忙继续分析道,"凶手也可能有外村的共犯,他先杀死医生,然后分尸,再通知他的帮凶前来把尸体残骸运送到广场上。以此来洗脱他自己的嫌疑……"

听完白泽的分析,大家发现之前有些小看他了。也许是因为印象的转变,大家看他的时候,都觉得似乎没那么猥琐了。

"总之,我们还是耐心等待警察的到来吧。不管凶手是村里还是村外的,我们自己都要注意安全,尽量避免单独行动。"村长说完,就示意大家先回去休息。

回到老祖宗的家,因为陈瑜不见了,而且村里还出现了死人,所以叶潇不敢一个人住,搬到了欣欣她们的房间。

几个女孩因为大半宿没睡,简单安慰了叶潇几句,就躺在竹席上沉沉睡去。欣欣睡觉之前,还不忘把门从里面反锁上,并放了一把椅子在门口当报警器。

白泽因为之前睡的时间很长,所以此刻毫无困意。他本来想趁着几个女孩开始对他有好感的机会和她们套套近乎,但是几个女孩一回来就紧闭房门,他没办法,只好在自己的房间里

匿 身

思考起案情。

　　陈瑜平白无故在半夜失踪，肯定和医生被杀有关。现在不知道到底他就是凶手，还是他是被凶手利用的。

　　如果他就是凶手，那杀死医生的动机是什么？正如叶潇所说，他是第一次来这里，不可能和医生有什么仇怨，而酒桌上两个人也没有产生什么矛盾。

　　莫非是半夜酒醒后，陈瑜外出抽烟的时候碰到了医生，这期间发生了什么事情，让他起了杀心？但是医生他明明已经喝醉了，并被大舅送回了家，为什么还要在半夜出门？

　　况且，如果陈瑜是临时起意杀死了医生，他为什么还要将对方分尸？而且丢弃在外人根本不知道的祭祀广场上？这些行为完全不合逻辑，所以陈瑜应该不是凶手。

　　大舅，这个人也很可疑。昨晚在席间他言谈举止都表现得很热情好客，但是发生命案后，他的态度却一百八十度大转变，一口咬定凶手就在他们这些外来者之中，这种急着祸水东引的行为很令人怀疑。而且他是最后送医生回家的人，如果他之前就和医生有矛盾，现在利用这个机会杀死对方，然后再嫁祸给外来者，也是有可能的。

　　如果是他杀死了医生，而且因为痛恨对方而将他分尸，这

时碰巧遇到了外出抽烟的陈瑜，所以他用叶潇的安全威胁陈瑜，让他帮忙运送尸体去广场以洗脱自己的嫌疑。这个可能性最大。

不过，陈瑜现在又去了哪里？是被大舅威胁运尸后感到害怕，连夜逃走了？可是，他的老婆叶潇还在这里，他看起来不像是一个会丢下老婆独自逃命的人。那么，他是在帮助大舅运尸后又被大舅灭口了？这样的话，他的尸体又在哪？

这时，窗外响起了一个炸雷，打断了白泽的思绪。他看了眼手表，已经是早上七点。窗外的暴雨依旧没有要停歇的迹象，似乎预示着这起谋杀案仅仅是一个开始……

3

白泽站起身伸了一个懒腰，打算出去走走，活动下筋骨。

来到走廊上，白泽望着女孩房间紧闭的房门，几小时前的念头又再次浮现在脑海里，于是他轻手轻脚地走到门口，顺着门缝朝房间里望去。

这一次，几个女孩都在房间里，而且睡得正香。只不过她们都是和衣而睡，身上的民族服装比平日的便装还要严实许多，白泽窥视了半天，也没有占到任何便宜，只好悻悻地转身离开。

"汪汪汪……"

刚来到一楼，大门口忽然传来了犬吠声，吓了白泽一跳。他顺着声音望去，发现是李思养的那只大黑狗。

伴随着小黑的叫声，李思从老祖宗的房间里推门出来——差点撞到白泽。

"你怎么在这？"白泽望着李思问道。

"因为村里发生了谋杀案，而凶手很可能还在村子里，大舅怕你们有危险，所以让我来保护你们。"

听完李思的话，白泽在心里冷笑着暗想：什么保护，说得好听，其实就是监视。不过，他表面上并没有显露自己的心思，而是冲着李思拱了拱手道："那实在是太感谢了。"

"对了，大舅和医生平时关系怎么样？"在白泽的心中，大舅是头号嫌疑人，所以他打算打听下对方和死者的关系。

"大舅？他和医生的关系很好啊。你为什么这么问？莫非你在怀疑大舅是凶手。"李思比想象中要聪明，一下子就猜出了白泽的想法。

"没有没有，我就是随便问问。"白泽连忙摆着手说。大舅

毕竟是村长的副手,在村子里很有威望,如果太直接说出自己的怀疑,恐怕会招致村民的不满。

"不过,大舅确实是最后一个见过医生的人,所以你怀疑他也是可以理解的。"然而,李思的话却让白泽出乎意料,他看起来不光聪明,而且很理智。

"最后一个见过医生的人?那不应该是他的家人吗?"

"对了,你不知道,医生是一个人居住,他没有家人的。"

"没有家人?我看医生他有四十多岁了吧,都没有老婆孩子?"

"是啊,医生一辈子没有结婚,所以没有老婆,也就更没有孩子了。"说到这,李思犹豫了一下,然后才接着说,"据说,医生年轻的时候,喜欢上了一个女孩,但是女孩后来却和别人有了孩子。从那以后,医生就心灰意冷,所以终生未娶。"

"和别人有了孩子?"白泽注意到李思并没有用"结婚"这个词,这代表着什么?那个女孩和别人有了孩子,但是对方却没有和她结婚吗?于是白泽问出心中的疑问。

"您是风俗学家,你应该知道什么叫走婚吧?"李思没有回答白泽的问题,而是反问道。

白泽立刻明白了——"走婚"是云南和四川等地区少数民

匿 身

族的一种特有习俗。这些民族的聚会和庆典，可以说是男孩女孩们的相亲大会。在篝火晚会上，如果男孩对女孩有意思，就会借着跳舞的机会拉着女孩的手，在女孩的手心挠三下。女孩如果对男孩也有好感，就会回挠三下。这就是两人约会的"暗号"。

到了夜里，男孩会如约来到女孩的家。未出嫁的女孩大多居住在二楼，因此也称"花楼"。男孩来到女孩家，不能走正门，而是要从花楼下爬上去，从窗户进入女孩的房间。然后两人开始约会，但是天亮之前，男孩必须离开。

正是因为"走婚"这种特有的婚姻形式，所以很多女孩即使怀了孕，家人也不知道孩子的父亲是谁。孩子生下来后，女方可以选择公开男方的身份，也可以断绝和对方的关系，独自抚养孩子长大。

这时，白泽有些理解医生的心情了。如果知道自己的情敌是谁，也许还可以与之竞争。但是如果连对方是谁都不知道，又如何竞争，只能无奈地接受失败。

然而，女孩最后却没有选择和孩子的父亲结婚，是她厌倦了对方，还是对方抛弃了她？又或者是对方发生了什么意外不能与女孩结婚？想到这，白泽直觉地感到，这其中的真相也许

和医生的死有着莫大的关系。

4

"能详细讲一讲医生和那个女孩的事吗？"

"不好意思，我知道的事情也只有这么多。"李思不好意思地说。

"没关系。"嘴上这么说，白泽心里还是有些懊恼。挺好的一条线索，就这么断了。不知道李思是真的不知道，还是因为涉及死者的隐私他不愿意说。

"对了，"这时，白泽好像突然想起了什么，"你能陪我去一趟祭祀广场吗？"

之前因为害怕，白泽没敢仔细查看尸体，现在想想，也许尸体上会留有什么线索对破案有帮助。其实他完全可以自己去，但无奈他生性胆小，只好叫上李思一起给自己壮胆。

"这恐怕不行，大舅让我留在这保护大家，我不能擅离职守。"

白泽没有想到李思会拒绝，所以有些尴尬。看来，李思确实是受了大舅的指派，名义上说保护，其实就是监视他们。这

匿 身

样的话,自己就只能一个人去了。可是一想到要独自面对恐怖的尸体,他还是打算再最后争取一下:"我也是客人啊,你也应该保护我才对。"

听到白泽的话,李思哈哈笑了:"你一个大男人,需要什么保护啊。"

"男人怎么了?现在不是都提倡男女平等了吗?"白泽的反驳有点无力,"而且,她们有四个人,我只有一个人,怎么说都是我比较危险吧。"

"没办法,我们这里,女性比男性重要多了。像我这种人,在村子里都被人叫作赔钱货。"

听到李思的话,白泽这才想起来,村子属于母系社会。在这里,女性是一家之主,这也是老祖宗被村人奉为族长的缘故。而且,和其他地方是"重男轻女、不生出儿子就断了香火"的想法截然相反,在村子里,村民如果生了男孩是抬不起头的,只有生了女儿才能让人高看一眼。

白泽知道自己再怎么说也没有用了。因为在这栋房子里,除了四个女孩,还住着身为族长的老祖宗,所以李思所说的保护也不全是谎话,他应该是在监视他们几个外来者的同时,顺便保护年迈的老祖宗。所以,白泽只好悻悻地独自离开。

已经是上午,暴雨还没有停,街头也并没有行人。可能是村长已经通知了村民们命案的事情,鉴于凶手可能就在村中,所以村民们的警惕性也很高,都躲在家里紧闭大门。

白泽胆战心惊地走到了通往祭祀广场的阶梯处,犹豫再三,还是没有勇气独自上去。这时,他一眼瞥见了村长家的大门,顿时有了主意。

白泽敲过门后不久,村长的身影就出现在了门缝中。看到是白泽,村长很是惊讶,他印象中这是个胆小怕事的男人,此刻应该躲在老祖宗的家里才对。

"请问,你有什么事吗?"村长问。

"您好,村长。是这样的,我看这天气,警察一时半会儿也来不了,而我平时很喜欢看推理小说,也就是破案的小说,所以我想去现场看看医生的尸体,希望能在警察到来前找到一些关于凶手的线索。这样,大家也就不用整天提心吊胆地躲在家里了。不过,我毕竟是外人,独自一人去你们平日祭祀的广场感觉不太好,所以想邀你一起去……"白泽的话说得滴水不漏,看来这个"学者"的头衔也不是浪得虚名。

听了白泽的话,村长连犹豫都没犹豫就答应了。想来村长也是期望早点找出凶手,还村子太平。很快,村长披着雨衣和

匿 身

白泽一起走进了山里。

祭祀广场虽然位于山中，但是毕竟地势开阔，周遭树木的枝叶不能完全笼罩住整个广场。光线反而显得比村子里要亮堂一些，这给白泽又增添了一丝勇气。

站在祭祀广场的入口处，白泽回头眺望，整个村子尽收眼底。

白泽和村长轻轻掀开盖在医生尸体上的塑料布，虽然已经有了思想准备，但是近距离看到那些残肢断臂，白泽还是忍不住跑到大树下面，扶着树干呕吐起来。

过了一会儿，几乎要把胆汁吐出来的白泽终于回来了，他再次掀起塑料布，用手电筒照向那些尸块。突然，他发现在一条手臂上，好像缠着什么东西。

5

吸引白泽注意力的这条手臂，从肘部被利刃砍断，骨头的截面参差不齐，看来应该是被斧子之类的东西反复砍了几次才断的。在手臂的手腕部位，系着一根绳子，起初他以为是医生手上戴的手串之类的饰品，仔细查看后才发现那就是一条普通

的绳子。因为这个发现,他又把所有的尸块都重新检查了一遍,发现每一个尸块上都绑着一条同样的绳子,只不过因为有的被压在下面,有的因为光线的缘故,不如手臂上这条那么明显。而且,这些绳子看着有点眼熟,白泽似乎在哪里见过。

看到白泽聚精会神看着尸块似乎有所发现的样子,村长也赶紧凑了过来。

"村长,手臂上系着的绳子我觉得眼熟,但是一时又想不起在哪见过。"

村长仔细端详了一下,很快给出了答案:"你说这个啊,那就是我们这制作腊肉时,用来绑肉的绳子啊!"

听到村长的话,白泽终于想起来,他曾经在村长家的门廊上看到过挂着的腊肉,那绑着腊肉的绳子和此刻这些尸块上的绳子是一样的。不对,不仅是绳子一样,就连捆绑的方法也是一样的!想到这,白泽感觉背脊发毛:村长不会就是凶手吧?自己怎么这么粗心,居然会拉着凶手来这里,这不是羊入虎口吗……

看着白泽脸色苍白的样子,村长立刻明白了他的想法,连忙说道:"你不要害怕,我不是凶手。"

听到村长这么说,白泽更惊慌了:"你怎么知道我在怀

匿 身

疑你?"

"你应该是在我家看过用这种绳子挂着的腊肉吧。在我们村,家家户户都是用这种绳子捆绑腊肉的,因为它是大舅在镇上买来,统一发给大家的。而绑肉的手法,也是村子里世代相传,每家每户都是这么绑的。"

听完村长的话,白泽总算不那么害怕了。不过他也不敢再在这里久留,连忙象征性地向村长拱了拱手,就飞也似的跑下了石阶。

"那些尸块上的绳子明显是被外人绑上的,应该是凶手没错。但是,他为什么要多此一举绑上这些绳子呢?"狼狈逃跑的同时,白泽还不忘思考这重大的发现,"凶手之所以这么做,一定有他的目的!"

白泽跌跌撞撞跑回了老祖宗家,进门的时候,小黑又是一阵狂吠,再次将李思从屋里惊动了出来。这一次,一起被吵醒的还有楼上的四个女孩。

"你怎么了?怎么脸色苍白。"李思看白泽才出去一会儿就神情慌张地跑回来,连忙问道。

这时,几个女孩也都走下了楼,围在白泽身边。

白泽顾不得被美女环绕的喜悦,哆哆嗦嗦地说出了刚才的

发现。众人听后,面色凝重。

"你是说,每块尸体残骸上都绑着绳子?"还是欣欣比较冷静,第一个问道。

"没错,你们之前不是见过尸体吗?难道没有发现?"白泽反问。

"那时,我们太紧张了,而且太害怕,现场光线又那么暗,所以没有注意。"几个女孩回答。

"我当时倒是发现了,不过我以为是凶手捆绑医生时用的绳子。"李思回答。

"那不是捆绑时用的绳子,如果是先捆绑然后带着绳子分尸,那些绳子不会完好地绑在每一片尸块上,而是应该搭在尸体上或散落在地上才对。所以,那些绳子应该是凶手分尸之后才被凶手一根根绑上的!"

"凶手为什么要这么做?"听完白泽的话,几个人异口同声地问道。

"我也不知道凶手这么做的目的。不过我想,这应该是破案的关键线索!"

第四章

不可能犯罪

匿 身

1

"一般来说,凶手杀人之后,唯恐被人发现,都会尽快地离开现场或抛尸,但是凶手不但大费周章地把萨克医生的尸体分尸,还耐心地给每一块残骸都系上了绳子,这种行为一定有其目的。只要能够找出凶手这么做的理由,应该就可以找出凶手。"

听完白泽的分析,在场的几个人都陷入了沉思,都在努力思考凶手这种行为背后的动机。

"李思……"

这时,门外传来了村长的声音,打断了大家的思考。

李思连忙打开门迎了出去,白泽他们也跟了出去,发现村长正急匆匆地跑过来,身后还跟着一个之前没见过的村民。

"怎么了？"在李思的印象中，还没见村长这么着急过。

"发……发现、发现陈瑜了！"

村长的话让大家都惊呆了，尤其是叶潇。

十分钟后，一行人来到了村口不远处的树林中，带路的是跟着村长一起来的村民。听村长说，他叫安力。安力虽然听说村里发生了杀人案，但是因为这附近有一种只有在雨天才会生长的蘑菇，在镇上能卖很多钱，所以他才冒险出来寻找。然而，刚来到这片树林，找了没多久就发现前面不远处趴着一个人，他仗着胆子走过去看了看，发现对方的样子从来没见过。因为对方的体格很健壮，他一个人背不动，所以连忙跑回来告诉村长。村长从安力口中描述的样子知道那个人就是陈瑜，所以连忙来通知李思。

几个人跟着安力在树林里绕来绕去，最后，终于看到了那个躺在地上的陌生人，果然是陈瑜没错。

叶潇见状，立刻扑了过去，抱着陈瑜哭了起来。

"你先不要哭了，他还没死！"还是欣欣更加冷静，她用手探了探陈瑜的鼻息，说道。

听到欣欣的话，叶潇终于破涕为笑。

"不要愣在这里了，我们先把人弄回去再说！"

村长一声令下，李思、安力和白泽就抱起了陈瑜。这时他们才发现陈瑜的手里居然攥着一把柴刀，上面还沾染着已经凝固的血迹……

2

在老祖宗的房间，陈瑜依然不省人事，躺在床上一动也不动。大家仔细查看了他的身体，发现后脑处有被重击过的痕迹，这应该就是他昏迷的原因。

"果然他是被人灭口了吗？"白泽说这句话的时候，特意看了叶潇一眼，生怕会触动她的神经。不过还好，叶潇全部的注意力都在陈瑜身上，没有理会他的话，这让他既放心又嫉妒。

"也不一定……"李思像是回答白泽的问题，又像是在自言自语，"在找到他的现场，他的手里有一把柴刀，而且上面还沾染着血迹。所以，也可能是陈瑜杀死了医生，然后用柴刀将医生分尸，接着因为害怕所以想要逃走，结果在森林中不小心摔倒，碰到了后脑，昏了过去。"

听到李思的推理,白泽感到很诧异,他想不到这个蜗居在村子里的年轻人居然会有这样的逻辑思维能力。

李思看白泽正若有所思地望着自己,立刻猜到了他在想什么,所以开口说:"你不要小看我哟,我可是这个村子里几十年来唯一的一个大学生。读大学的时候,我也很喜欢看推理小说,什么阿加莎、奎因、卡尔……只要是图书馆里能找到的书,我基本都看过。"

"你是大学生?"听到李思的话,羽羽忽然来了兴致,"你现在毕业了?"

"是的。"

"那你为什么不去找工作,反而回到这个落后……"说到这,羽羽觉得"落后"这个词有些不妥,但是一时又想不起来用什么词代替。

"你不用在意,这个村子确实挺落后的,手机没有信号,电视只能搜到几个频道,也没有宽带……不过,也正是因为落后,村子才不像外面社会那么功利,所以我觉得待在这里更惬意一些。我们虽然只能靠种茶卖茶叶赚几个钱,但是几乎没有什么消费,反而生活得更轻松。"

"而且,这里还有让你牵挂的人吧。"白泽插嘴说道。

匿 身

"对，对……"李思听到白泽的揶揄，不好意思地挠了挠头。

"牵挂的人？谁啊？"羽羽露出一副茫然的表情问道。

"当然是夏菁喽，白痴。"欣欣时刻不忘挖苦自己的妹妹。

"哦，原来是她。对了，你说谁是白痴？"

此刻，大家都把注意力放在姐妹俩日常斗嘴上，谁也没有注意到林芸唯一露在口罩外面的双眼闪过了一道嫉妒的光芒。

"我，我这是怎么了？"

不知道什么时候，躺在床上的陈瑜睁开了眼睛。

"你终于醒了……"叶潇一边哭着一边扑在了陈瑜的怀里。

看到陈瑜醒了，大家都围了过来。几个人问候了几句后，白泽就率先开口说："我知道你现在还很虚弱。但是有几个问题，你务必如实回答我们。"

"什么问题？"陈瑜苍白的脸上露出了困惑的表情。

"是不是你杀了萨克医生？"白泽眼睛直直地盯着陈瑜的脸，生怕错过任何微妙的表情。

"谁？萨克医生？他死了？"陈瑜没有回答白泽的话，反

而抛出了一连串的反问。从他的表情看来,这些反应都是真的,除非他有媲美奥斯卡影帝的演技。

"没错,萨克医生死了。大家一致认为凶手是你。而且,在找到你的时候,你手里还攥着一把带血的柴刀。"虽然之前白泽还在为陈瑜极力辩护,但是此刻他必须给陈瑜施加更大的压力,这样才能进一步判断他到底是不是凶手。

"怎么可能!我和他无冤无仇,今天也是第一次见面,我为什么要杀他?!还有什么柴刀,我从来都没见过!"陈瑜大声地辩解道。叶潇见状也有些激动,她刚想站起来反驳白泽几句,却被欣欣按住了肩膀,示意她不要说话,看来欣欣已经理解了白泽这么做的用意。

"好,你说你不是凶手,那你就给我们讲讲你是怎么昏倒的吧!"

这一刻,白泽真的把自己当成了侦探,他代表大家问出了这个众人最关心的问题。

3

陈瑜示意叶潇扶他坐起来,喝了一口水后,才缓缓开口:

匿 身

"昨天晚上,我因为口渴醒了过来,喝完水后烟瘾忽然犯了,但是在别人家的屋里抽烟实在不好,所以我就去楼下抽烟,顺便方便一下。"

"那时大概是几点?"白泽插嘴问。

"我当时看了眼手机,是十一点半多点,那时叶潇还躺在床上用手机看小说,我看她也有些困了,告诉她不用等我,困了就先睡,然后就出了门。那时,隔壁女孩们的房间还亮着灯,我听见里面有嬉笑声,当时还在感慨她们精神头真足。"陈瑜说完,看了欣欣她们一眼。

"我们因为昨天一天的经历太跌宕刺激,所以睡不着,聊了一会儿天,大概是十二点左右才睡的。"欣欣在睡觉前关灯的时候,顺便看了一眼时间。所以,这也侧面认证了陈瑜的话是真的。

"我下楼后,先去卫生间方便了一下,然后害怕在院子里抽烟会惹老祖宗不高兴,因为很多老人都讨厌烟味,所以我就打开大门去外面抽烟。这时……"说到这,陈瑜似乎想到了什么可怕的经历,打了一个冷颤,顿了一下,他平静了些才继续缓缓开口,"这时,我听见巷子里面传来了一些声响,起初我以为是风雨声,后来感觉不太对,所以我就走过去看看。"

"你说的巷子里是指哪个方向?"问题的答案其实显而易见,但是为了保险起见,白泽还是追问了一句。

"老祖宗家不是在村口吗,巷子里当然就是村子深处了。"陈瑜没有理解白泽的意图,有些不高兴地白了他一眼,"我朝里走了不一会儿,拐过一个墙角,正好看到一个长长的人影消失在小巷深处,我很好奇,打算跟上去看看,可是没走出几步,我又听到了身后有脚步声,还没等我转身,就感到后脑勺被什么东西击中。然后我就什么也不知道了。等我再睁开眼睛,就已经在这里了。"

"你是说你跟着黑影,然后被人从后面袭击?"白泽再次确认了一下。

"没错。"

"如果你说的都是真的,这件案子可就棘手了。"

"为什么这么说?"看到白泽皱眉的样子,众人不解地问道。

"陈瑜是跟踪黑影的时候被人袭击的,那就说明这起案件的凶手至少是两个人。"

听完白泽的解释,众人恍然大悟。

"能给我们再说说那个黑影和袭击你的人吗?"欣欣又补

充了一个问题。

"我转过街角的时候,只是看到有个黑影正离我远去,从脚步声来判断,对方的速度应该很快。而袭击我的人,因为是从我身后出现的,所以我完全不知道他的样子,甚至连他是男是女都不知道。"陈瑜说完这句话,仿佛用尽了全身力气,叶潇扶着他轻轻躺回床上,他很快就沉沉睡去。

"我觉得犯人也不一定就是两个人。"李思也加入到案情讨论中来。

"为什么这么说?"自己的推断被人反驳,白泽显然很不高兴。

"如果陈瑜看到的黑影就是医生呢,因为后面有凶手在追他,所以他跑得很快,而那个凶手因为察觉到后面有人过来,所以躲在了暗处。等到陈瑜从他的藏身处经过时,就在后面追上去打昏了陈瑜,然后又追上医生杀了他。"推理逻辑清晰,看来真的如李思所说,他的确是个推理迷。

听完李思的推理,白泽觉得确实有道理,不觉有些丧气。不过,很快他就又露出了笑容,因为他发现了李思推理中的漏洞……

4

"从推理爱好者的角度来说,你刚才的推理已经很不错了,只可惜离专业的侦探还差了一点……"白泽的言外之意就是他才是专业的侦探,其实他之前也仅有一次成功的经验,而且不过是帮助邻居李奶奶找回跟母猫私奔的大公猫而已。

"你的意思是……我的推理有漏洞?"李思虚心请教道。

"你推理的整体思路是对的,只不过有一点不合理,以至于失之毫厘谬以千里,"白泽说到这,得意地看了几个女孩一眼,这一次,她们都在聚精会神地盯着他,白泽强忍着内心的欣喜,故作镇定地继续说,"那就是——如果萨克医生是被凶手追逐,他为什么只顾着逃跑,而不大声呼救呢?他是村里受人敬仰的医生,如果他呼救的话,一定会有人出来的。但是黑影却没有呼救,那只能说明陈瑜看到的黑影不是医生……"

"也许,医生之前已经被凶手抓住了,并且封住了他的嘴。后来,他伺机跑了出来,但是嘴上还被封着,所以没法呼救。"

欣欣说出的另一种可能让白泽有些不悦,他认为欣欣心里向着这个容貌俊朗的帅哥,所以才千方百计地替他的推理辩护。不过,妒意很快转化成了动力,白泽立刻就想出了如何回答她。

"他都能逃跑,却没时间把封在嘴上的东西拿掉?或者你觉得他逃跑时,双手也是被绑着的,只有双脚能自由行动?不过,就算他双手被绑着,身体总能受控制吧,他为什么不撞门?要知道大舅、李思和村长的家都在他逃跑的方向,他随便撞开谁家的门,都比无头苍蝇似的一直向前跑要好得多吧?"

听完白泽的分析,几个人终于彻底相信了他的推断:陈瑜看到的人影不是医生,而是帮助凶手运送尸块的同伙。

"之前,大舅口口声声说他们村民绝对不会在夜里进山,因此断定凶手是陈瑜。现在如果陈瑜的话属实,他在夜里十一点多就被打晕了,那么杀人并且分尸的凶手肯定就另有其人,而且至少有两个人,且其中一人不是本村的村民,因为只有外人才可以在夜里去祭祀广场分尸或者把在别处分尸后的尸体送到祭祀广场上。"

"陈瑜一定不会说谎的。"叶潇既是替陈瑜辩护,也是替她们这些外来者辩护。

"嗯,我知道他说的都是真话。在送他回来后,我曾经查

看了他后脑的伤口,受伤的位置在后颈偏上的后脑部,痕迹是从右上至左下斜着的,而且右上位置的伤情更重一些。这就说明,这个伤口是被人从后面袭击形成的。"

"可是,伤口也可能是自己打的啊。"

羽羽并没有针对陈瑜的意思,就是觉得有这种可能性而已。然而,这无心之言又被白泽当成了维护李思的借口,他冷冷地说:"我刚才不是说了,伤口是从右上至左下,而且右上位置的伤情更重一些。如果是陈瑜自己用右手拿钝器打昏自己伪装被人袭击的话,是没法准确打到这个位置的。而且,如果是他自己打昏了自己,那么手里的钝器哪去了?我们在案发现场可是除了那把柴刀外,没有看到任何钝器,就连形状差不多的木棍都没有。所以,当时应该是凶手打昏了陈瑜,再把他拖到了村外的树林中,然后在他手里放上杀死医生用的柴刀,伪装成他在逃跑时摔昏的样子,把他嫁祸成凶手。而且,凶手应该也知道安力有在雨天外出寻找蘑菇的习惯,所以故意把陈瑜放在他采蘑菇的必经之处,以保证陈瑜会在第一时间被人发现。"

这下,包括李思在内,所有人都对白泽的推理能力心悦诚服。然而,白泽接下来的话,却让大家更为震惊。

"我想，凶手这次杀人应该是临时起意。促使他实施杀人计划的，应该就是我们这些偶然来到村里避雨的外人！"

5

"为什么我们会成为这次杀人事件的契机？"欣欣表情并不像其他人那样惊讶，看来她应该是早就理解了白泽推理的逻辑，这句话只不过是她代替其他人问的。

白泽很享受这种被关注被追问的氛围，所以宛如老学究掉书袋一样摇着头又开始了他的推理秀："村子里不是有夜里不许进山的规定吗？因为村子地处偏僻，所以不会经常有外人前来。我们的出现，让凶手觉得这是老天爷赐给他的机会——嫁祸给我们这些外人的机会。医生的尸体出现在广场上，而村民都不可能夜里上山，所以，凶手只能是我们这些可以在夜里毫无顾忌进山的外来人。因此，他的嫌疑自然就被排除了。"

"你的意思是……凶手是我们村子里的人？"李思吃惊地问。

"没错，而且还是一个很聪明，懂得随机应变的人。"

"对了，你说的帮凶又是什么意思？"林芸插嘴问道。

"这还不简单,身为村民的凶手夜里不能进山,所以他杀了人后,一定还有一个帮助他运送尸体进山的外来者。起初,我以为是陈瑜受到了凶手的胁迫,帮助他运送的尸体。然而,现在从陈瑜的话中可以得知,他从一开始就被打晕了,所以运送尸体的不可能是他。剩下几个外来者,你们三个女孩一直待在一个房间里,可以互相提供不在场证明。而叶潇虽然独自睡在自己的房间,但是在陈瑜出门时,她还在房间里,所以她绝对不会是陈瑜看到的黑影。如果她是在陈瑜外出后,悄悄跟在他身后,发现他注意到了黑影才出手打昏了陈瑜,也是有可能的。但是看她那么在乎陈瑜,应该不会是和凶手串通、差点害死自己老公的那个共犯……"说到这,白泽看了几个女孩一眼,"那么,没有不在场证明的就只有我了,我虽然没有不在场证明,但是我可以很肯定自己不是凶手。因为,这世上哪里有侦探是凶手的道理?"

"其实,真的有推理小说里侦探就是凶手的。"李思似乎不甘心一直被白泽压制,所以低头嘀咕了一句,不过大家都没有在意。

"另外,凶手临时起意找来的共犯,肯定是他之前就认识。大家都是第一次来这里。所以,我想共犯应该是附近村子的人。"

"不好意思,附近只有我们一个村子,离我们最近的一个村子,开车差不多要两三个小时,现在这种暴雨天加上山路被阻,车无法通行,如果走过来的话,起码要十几个小时。"李思说的是实话,不是在和白泽抬杠。

"这样的话……"白泽没想到自己的推理这么快就被推翻,尴尬地挠了挠头,不过很快他就想到了对策,"这样的话,那就更简单了,说明共犯不是被凶手临时叫来的,而是碰巧这几天来村里串门,凶手就随机应变地让他帮自己实施杀人计划。我们现在只要去村里挨家问问,看看这几天谁家来客人了就知道谁是共犯了。因为这么小的一个村子,来了外人肯定会有人知道的……"

"我想,这次你的推理又错误了,因为村子里不但最近几天没有外人来,最近几个月也只有你们来而已。"

"你怎么知道没有外人来?"白泽觉得李思是在故意打击他,所以毫不在意地说。

"我们村子因为位置偏僻,所以很注重安全防范,防火防盗都是村子里的大事。每天晚上九点,在睡觉前,村长都会挨家挨户去查看一下,看看有没有什么安全隐患,如果谁家里来

了客人,也必须和村长打招呼。"

白泽感觉李思应该不是撒谎,因为这事只要问一问村长和村民就知道了。不过,他忽然想到了一种可能:"会不会是谁家来了客人,但是因为涉及隐私,所以瞒着村长不说呢?"

"这个应该也不太可能。安全防范是大事,村民都不会在这件事上犯糊涂。而且如果有客人隐瞒不报,是很容易被发现的,一旦被发现,今后在村子里就没法立足了。"

听完李思的回答,白泽表情有些严肃,很快,他又露出了微笑,这是一种孩子发现新玩具时的喜悦之情。

"村民在夜里绝对不会去山里的广场。我们肯定不是帮助凶手半夜运送尸体的共犯。而村子里除了我们就再没有其他外人。这真是一起有趣的'不可能犯罪'事件!"

第五章

广义密室

匿　身

1

雨，还在肆虐着。

现在是发现医生尸体的第二天，大家再次聚集在村长的家中。其实该讨论的问题头一天都已经谈得差不多了。但是大家还是习惯性地聚在一起，一是感觉人多安全一些，其次是觉得犯人可能隐藏在他们中间，所以大家彼此监视，希望凶手会露出马脚。

因为发生了命案，彼此间又产生了隔阂，所以很长一段时间里，大家都是静静地坐在屋子里，一言不发。

"这场雨什么时候能停啊？"羽羽望着屋檐下的雨帘自言自语。

"根据历年来的经验，这场雨应该会持续差不多一周。"村

长说到这，脸上布满了愁云。

"一周？"听到这，羽羽一下跳了起来，"这么说我们还要在这里待上好几天？"

"没错，而且还是和杀人犯在一起。"林芸说到这，又忍不住浑身发起抖来。

"美女们，不要怕。有我在，一定可以尽快找出凶手！"白泽其实现在对这起案件毫无头绪，但是为了在女孩们面前表现自己，才故意逞能说这种大话。

"贼喊捉贼。"大舅显然一直认定凶手就是这几个外来者，所以丝毫不掩饰自己的敌意。

"我老公都被打伤了，你还在怀疑我们？"叶潇听到大舅的话，气愤地反驳。

"我又没说凶手就是他，你紧张什么。"大舅不以为然地撇撇嘴，"反正你们有那么多人，就算你敢保证你们两个不是凶手，你能替别人担保吗？"

听到大舅这么明显的指向，一直冷静的欣欣也沉不住气了，她站起来正打算反驳，李思拉着夏菁推开院门跑了进来。

"怎么样？都安排好了吗？"村长见到他俩，立刻出声询问。其实他主要的目的是为了缓和屋内剑拔弩张的气氛。

匿 身

"嗯,我按照您的吩咐把木栅栏立了起来,并且安排大家分三班二十四小时轮流看守。"李思说完,抹了一下脸上的雨水。

"辛苦了,你们赶紧休息一下吧。"村长示意李思和夏菁坐下,然后冲着大家说,"现在村子应该安全了。"

"村长,您这话是什么意思?木栅栏又是什么?"羽羽好奇地问道。

"关于木栅栏,说起来可就话长了。不过也好,反正大家一时半会儿也离不开这里,不妨听我这个老人家讲一讲,就当做你们旅途的见闻吧。"村长慢悠悠往烟斗里塞进一些烟叶,用火柴点燃,继续讲了起来,"我们这个村子,大概建立于三百多年前。那时,有一个统治着整个云南的沐王爷。"

"我知道!我知道!就是丽江古城里那个沐府的主人,对吧?"因为不久前才去参观过,所以羽羽好像知道老师答案的小学生一样,兴奋地抢答道。

"没错。"村长在给予羽羽肯定的答案后,抬手示意她不要插嘴,继续说,"那时,沐王爷手下有很多为祸乡里的官吏,他们欺男霸女、无恶不作。老百姓虽然被压迫得很苦,但是都敢怒不敢言。直到有一次,一个官吏看中了一个猎户的女儿,

想要霸占为妻。猎户激愤之下，杀死了这个官吏，然后带着全家逃进了深山。当时的交通条件可不比现在，你们现在从公路走一两个小时就能走到这里，在当时则要在密林中足足走上几天几夜才能到达。也正是因为如此，猎户一家才逃过了官兵的抓捕。一开始，这里只有猎户一家四口居住。慢慢的，越来越多受不了官吏欺压的老百姓也都逃到这里，逐渐发展成了现在这个村子的规模。就这样，我们的祖先在这里隐居了下来，平时靠种地和打猎自给自足，每年定期派人行走几天几夜，去最近的市镇购买盐巴之类的生活必需品。我们过着靠天吃饭、与世无争的生活。

"然而，尽管村子与世隔绝，但是毕竟密林环绕，诸如野兽、盗贼之类危险也从未断绝。祖先为了永绝后患，把村子建在一个绝地上，一边是峡谷一边是山坡，进村的通道只有一条，在这唯一的通道处，又建设了一个巨大的木栅栏。这样独特的地理条件，已经阻绝了绝大多数野兽的入侵，而木栅栏的建造也让盗贼的入侵得不偿失。

"进入和平年代后，政府在村子几公里外修了公路，我们出行方便了，而且也给我们架设了电线和电话线，村子终于与现代文明接轨，当年那个抵御危险的木栅栏也就用不上了。但是虽说用不上,我们还是把它当成村子的一个象征,每年都会维护,以防万一。

"话说,在十几年前,木栅栏曾经使用过一次。那时城市里出现了一种叫非典的病毒,据说很可怕,当时每个村子都与外面断绝了联系,不准村民外出,更不许外人进村。我们为了隔绝病毒,启用了木栅栏。如今,这是第二次启用。从现在起,这个村子里没有任何犯人可以逃出去,也没有任何危险人物可以闯进来!"

2

"把我们和一个杀人犯关在一起,您怎么还说是安全呢?"听完村长的故事,林芸不解地问。

"道理很简单,"白泽不会放过任何表现的机会,不等村长回答,立刻抢答道,"因为村子被封锁了,所有人都不能出去。对杀人犯来说也是个威慑,他应该不会再继续犯罪,否则一旦露出马脚,他连逃跑的机会都没有。"

"那他就会在这里坐以待毙,乖乖等着雨停路通后警察上门?"羽羽还是有些顾虑。

"杀两次人留下证据的几率是杀一次人的一倍。凶手应该不会傻到让自己露出马脚的几率翻倍。所以,只要杀人犯不是疯子,接下来应该都会老老实实的。"

欣欣其实也知道,自己的说法并不严谨。只不过想借着自己的言论来影响凶手,希望对方不要再继续行凶。不过,这个解释还是让一些人放下心来。

"所以,接下来我们只要耐心地等待雨停就好了。"村长最后做出了总结性发言,接下来众人就三三两两地离开了。

欣欣他们六个外人依旧寄宿在老祖宗的家里,而李思和大舅则轮流看管他们。其实就算没人看管,他们几个也绝对离不开这个村子。因为老祖宗的家门口就是那个巨大的木栅栏,阻断了进出村子唯一的道路。此外,还有三个以上的村民进行二十四小时的值守。

接下来的两天,果真如村长所言,雨下得连绵不绝。时而暴雨时而小雨,总之就是没有放晴的时候。

时间是平复情绪的良药,果真连续两天没有状况发生,几个外来者开始渐渐冷静下来。村民们虽然对他们有所怀疑,但是并没有表现得像大舅这么强烈,见到他们还是会客气地点头。

匿 身

陈瑜的伤基本好了,已经可以在院子来回走动,叶潇寸步不离地陪着他。看到他们的感情这么好,欣欣她们都非常感动。唯独白泽却是满心的嫉妒,他自认为陈瑜哪方面也不比自己出色,为什么能够俘获叶潇这样的美女的芳心,把他照顾得无微不至。而自己三十多年来却一直单身。有一次他甚至暗想,要是陈瑜在那次袭击中死掉就好了,这样他就可以乘虚而入对叶潇展开攻势。不过,自诩是名侦探的他立刻摇头,身为侦探怎么会希望被害人增加呢,所以赶紧打消了这个念头。

这两天里,羽羽、林芸和欣欣,恢复了一个游客应有的表现,在村子里四处拍照。虽然村子不大,但是古旧的民族建筑和朦胧的雨景就是最好的素材,所以她们还是兴致勃勃地几乎把村子的每一个角落都拍了个遍。美中不足就是村子里没有手机信号,不然把这些照片发到朋友圈,一定会得到很多人点赞。

村里的禁地,是她们唯一没有去的地方,毕竟那里还放着萨克医生的尸体。

这天中午,几个人一起在老祖宗家里吃饭。今天轮到大舅值班,饭菜是大舅的老婆做好后送过来的。虽然大舅对他们怀

有敌意,但是在老祖宗面前也不敢太放肆,所以饭桌上的气氛倒也算和谐。

饭刚吃到一半,院门忽然"咣当"一声被推开,紧接着全身湿漉漉的夏菁慌慌张张地跑了进来。

在大家的印象中,夏菁一直是个不爱说话很文静的女孩,这么慌张一定是遇到了什么大事。想到这,大家立刻紧张地站了起来。

"李思……李思……"夏菁双手扶着膝盖,上气不接下气地说。

"不要急,李思怎么了?你慢慢讲。"欣欣走过去,搀扶着夏菁,示意她冷静。

"难道又发生了命案?这次是李思被杀了?"羽羽心直口快,脱口而出后才发觉不妥,连忙啐了两口,"呸呸,我这个乌鸦嘴。"

林芸不知道是不是听到了暗恋对象李思的名字,虽然看不到口罩下的表情,但是从瞪大的双眼里还是可以感觉出她的无比紧张。

"李思……李思他失踪了!"终于平静下来的夏菁,带着哭腔说道。

匿 身

3

听到这个消息，每个人的反应都不一样。

大舅怒视着在座几个人，几乎认定是他们害了李思。

林芸因为担忧李思，浑身发抖，情绪显得异常激动。

白泽在震惊之余，心里反而有点高兴，觉得自己可以趁虚而入去讨好夏菁。

羽羽、叶潇和陈瑜几个局外人，仅仅是表现出震惊而已。

至于老祖宗，因为听不懂夏菁的普通话，所以面无表情地继续吃着饭。

欣欣则最为冷静，她递给了夏菁一杯水："不要急，你把事情的经过慢慢告诉我们。"

喝了口水，情绪终于平复一些的夏菁再次开口："中午，我做好饭想要找李思过来一起吃，但是到处都找遍了，哪里也找不到他。这时，我想起陈瑜大哥的遭遇，我害怕他也被凶手袭击了，于是想要去村外找。但是村口负责值守的几个人说，这两天都没人出去过。没有办法，我只有跑来找你们商量。"

"村子里你都找遍了？"大舅皱着眉头问。

"我们平时经常去的地方都找过了,所有村民家我也挨家敲门问了,他们都说没看到李思。"夏菁的语气再次急促了起来。

"这样吧,你别急,我们再陪你出去找找。"欣欣说完,搀扶着夏菁走出了大门,其他人也连忙跟在后面。

众人从村口开始,一路找到村长家,挨家挨户,再次敲门确认,大家都说没有看过李思。因为村里发生了命案,村长让大家都待在家中,所以除了负责交接班值守村口的村民外,村子里这几天都没什么人走动。众人又把村子里的公共场所,甚至包括已经没人居住的萨克医生家,也都寻找了一番,依旧没有发现李思的身影。

"李思这孩子到底去哪了?"村长的这个问题,没人知道答案。

"他会不会也像萨克大叔一样被害了啊?"夏菁着急地问。

"你不要激动。就算他真的被害了,也得有尸体啊。"欣欣忽然想到了一个问题,"对,尸体!我们还有一个地方没有去找。"

"哪里?"大家一起望向欣欣。

"我想,应该是那里。"回答大家疑问的不是欣欣,而是白

匿 身

泽。他的手指正指向通往祭祀广场的隐秘小径。

祭祀广场是村民们心中默认的圣地，所以在寻找李思时，几个人都习惯性地屏蔽了那里。而欣欣她们因为心急，一时没有想起。当白泽提起的时候，大家才赫然察觉到居然漏掉了广场。这应该就是所谓的"灯下黑"吧。

天色一直阴沉，大家的时间感几乎完全丧失，根本分不清现在是下午还是晚上。大家看了看手表和手机，现在虽然光线微弱，但是才下午三点。毫无疑问，这时是可以去广场的。

确认了时间后，一行人开始沿着石阶前往祭祀广场。这也是上一次发现医生的尸体后，大家第一次踏进这里。来到祭祀广场上，一切都如先前一样，没有任何变化，只有盖着医生的塑料布上满是积水。

广场虽然不小，但是很空旷，完全没有可以藏人的地方。大家巡视了一圈，确认李思不在这里。

"这里也没有，李思到底去哪了啊？"这下，本来还抱着一丝希望的夏菁再次哭了出来。

"是啊，这已经是村子里最后一个地方了。"大家也跟着焦躁了起来。

"啊！"

这时,一声惊呼打断了大家的思绪。众人一起循声望去,先见林芸正一手捂着嘴,一手指向广场的一边。

大家顺着林芸手指的方向望去,发现那是祭祀广场西边的峡谷。当看清林芸手指的东西的时候,大家也都惊呆了。

之前村长曾经说过,村子是建在绝地之上,一边是山坡,一边是峡谷。欣欣他们一行人从公路走下来的山坡在村子东面,所以村子的西边就是峡谷。村子主路两边都是民居,西边日晒而且冬天寒冷,因而民居的西侧都没有窗户。所以唯一能够看到西峡谷的只有在广场。这是一条很深的峡谷,村长说起码有几百米深,峡谷的宽度大概有十几米,这个距离就算是猛兽也跳不过,可以说是一道天然的屏障。

然则,让大家感到震惊的,就是这道天然屏障对面的树林之中,居然站着一个人!虽然距离很远而且光线不足,并不能看清那个人的脸,但是从身上的衣服以及体型,大家一眼就认出了那是李思。

"李思!他为什么在那边?"夏菁跑到峡谷边上,大声地隔着峡谷呼喊道,"李思,李思!"

然而,对方对于夏菁的呼喊完全无动于衷。

"他怎么不理我?"夏菁焦急地说。

匿 身

"你们看他的后背。"这时,欣欣发现了一个非常关键的线索。

经过欣欣的提醒,大家努力辨认了一会儿,终于发现在李思的后背上方,插着一个扁长还略带反光的东西。

"是柴刀!"毕竟是平时村民常用的东西,大舅一眼就认了出来。

"啊?李思身上为什么会有柴刀?是被人砍了吗?"

听到羽羽这句脱口而出的猜测,夏菁终于崩溃了,扑通一声摔倒在地,昏了过去。

4

发现李思疑似被杀的一瞬间,广场上立刻陷入了混乱。

大舅丢下所有人,撒开腿就往村口跑去。

几个女孩则七手八脚地抬起昏倒的夏菁,陈瑜搀扶着受到刺激而神情恍惚的村长,一行人相继走下山。

最后,广场上只剩下无人理睬的白泽一个人。他望了望西峡谷的李思,又看了看不远处盖着萨克医生尸体的塑料布,忍不住打了一个冷战,也慌慌张张地离开了广场。

大舅来到村口的一路上，又挨家敲门招呼了几个村民，打算一起前往峡谷的西边。

在村长家里，安顿好夏菁的欣欣，也打算亲自去现场看看，所以拉着粗线条的羽羽也来到了村口。白泽犹豫了再三，还是决定也跟上去看看。

就这样，大舅带着三个村民，加上欣欣、羽羽和白泽，一行七人离开了村子，前往峡谷的西边。临走时，大舅告诉值守的村民，他们一离开，立刻再次关好木栅栏，不要让任何人离开。

峡谷虽然就在村子的边上，但是想要绕到西边的路程并不近。一路上，大舅一直紧紧地盯着三人，生怕他们趁机跑了。自来熟的白泽在向一个村民打听到绕到峡谷西要花一两个小时的时候，开始有点后悔了。

虽然这一路非常湿滑，但是毕竟有轻车熟路的村民带路，所以走起来并不比欣欣他们从公路走下来时困难多少，大概用了半个小时多一点，几个人就来到了峡谷的西边。

西边都是上坡路，路程难走，众人大概用了四十多分钟才抵达了树林。

来到树林，大舅直奔峡谷边。然而当他来到现场，面对眼

匿 身

前的一切都目瞪口呆了起来。

原来李思站着的地方，根本看不见人的踪影。经过仔细寻找，大家发现在地上有一套已经被泥水浸湿的衣服，眼尖的欣欣一眼就认出了这是李思的衣服。在这件几乎快被泥土掩埋的衣服上，一把刺破衣服的柴刀孤零零地躺在那，任凭着雨水冲刷。

一行人又花了将近两个小时，才从西峡谷返回村子，这时天已经完全黑了。陪同大舅的三个村民各自回家了，剩下的四个人则不顾疲累，再次汇聚到村长的家中。

此时，夏菁已经醒了，正红着眼圈急切盼望着他们的归来。

"李思呢？"看到只有大舅他们四个人走进来，夏菁用已经哭得沙哑的嗓子问道。

"是啊，李思怎么样了？"其他人也都凑了过来。

"李思，李思他……失踪了。"大舅犹豫了一下，还是说出了他们的发现。

在西峡谷，大家只发现了李思的衣服和一把柴刀，就再没有其他发现。众人在广场上看到的李思，就好像被雨水冲刷掉一样，凭空消失了！

听到这个消息,夏菁几乎再次昏倒。欣欣安慰她道:"你不要着急,我们这次没有找到李思,其实是好事。既然没有找到他的尸体,就说明他有可能还活着。"

"可是,他身上的衣服明明在这啊,他人到底去哪了呢?"夏菁抱着几个人带回来的李思泥泞的衣服,就好像抱着他一样,死活也不肯放手。

"村长,麻烦你辨认一下,这把柴刀是村里的吗?"这时,白泽递过了在现场发现的柴刀。

村长接过柴刀,仔细辨认了一下,惊讶地说:"这刀是乌金家的!"

5

听到村长的话,屋里立刻一片哗然。大家都把目光转向大舅。尤其是白泽,更是面带着贱贱的微笑。

"没错,这把刀确实是我的。"证据面前,大舅也无法反驳,只好乖乖地承认。

"我相信,你在现场的时候就已经认出这把刀是你的吧?你为什么当时不说。"此时发难的是白泽。他在现场的时候,就已经观察到大舅看到这把刀时神情不对,所以才特意把刀带回来询问村长。

"我为什么要说?好让你们怀疑我?我没那么笨。"大舅不以为然地说。

"你以为你不说,我们就不知道?现在被别人指出刀是你的,你的嫌疑反而更重了!你还说你不笨。"这时,轮到羽羽开口了,"你如果当时就承认这是你的刀,有可能还会降低嫌疑。现在你才承认,已经晚了。"

"承认什么。刀确实是我的。不过已经丢了好久了。"大舅丝毫没有畏惧,依旧理直气壮地回答。

"丢了?怎么这么巧啊?再说,刀丢了,你跟别人提过吗?"白泽继续不依不饶地追问。

"一把柴刀而已,丢了就丢了,还要到处宣传吗?而且我以为可能是被我忘在哪里了。"大舅的回答虽然给人的感觉是在狡辩,但是语气却没有丝毫的紧张。

"算了,我们不要再追究这把刀的问题了。因为还有更离奇的问题在等待着我们。"这时,还是欣欣站出来缓和了气氛。

"什么离奇的问题?"羽羽的注意力很快被转移了过来。

"准确地说,是两个离奇的问题。第一,李思和凶手是怎么通过有人值守的木栅栏来到西峡谷的?第二,李思哪去了?为什么现场只留下了他的衣服?"

听到欣欣的发言,众人才发觉这果然是两个比柴刀归属更为重要的问题。望着抢先自己提出这两点问题、抢了自己风头的欣欣,白泽心里有些气恼。但是一看到对方被雨水淋湿后显得凹凸有致的身体,立刻把气恼转化成了欲望,贪婪地上下打量起来。

叶潇察觉到白泽几乎要盯进欣欣肉里的邪恶眼神,连忙拿了一张毯子帮她披上,然后狠狠瞪了白泽一眼。白泽连忙尴尬而又不舍地转开目光。

"好了,你们几个也辛苦了,都先去洗洗吧,然后好好休息。明天一早我们再来讨论这些问题。"这时,见多识广的村长连忙出来打圆场。

就这样,欣欣她们回到了老祖宗家,夏菁因为不敢一个人待着,大家也对她不放心,所以也把她带回了老祖宗家。而白泽则被村长留下,示意他今晚住在这里。大舅回了自己家。

因为这一天实在太劳累了,所以几个女孩在洗漱之后,就相拥着睡着了。陈瑜和叶潇也回到了自己的房间。大舅洗完澡

匿 身

后,还是不放心,便再次来到老祖宗家,在一楼的房间里继续值班。

被独自留在村长家的白泽,心情非常懊恼。本来他想也许可以趁着几个女孩洗浴的时候去偷窥一番,或者乘虚而入去安慰下夏菁,但是现在被村长看着,哪也去不了。没有办法,只好去思考之前欣欣留下的两个疑问。

第一个疑问,如果放在推理小说中,可以说是不折不扣的不可能犯罪。在木栅栏关闭以后,李思还在村子里,而这两天,木栅栏都有村民二十四小时值守。所以,李思到底是怎么出现在峡谷西边的?另外,如果李思是被人杀害的,那么凶手又是怎么离开村子的?莫非,凶手不是村里的人?

第二个疑问,则是一个动机系的谜团。一个多小时前,李思在峡谷的西边疑似被人杀死,但是当他们赶到现场时,李思却不见了?如果是李思自己逃走了,他为什么不逃回村子?这样他们在路上应该会碰到他。如果是凶手处理掉了李思的尸体,为什么还要留下衣服和凶器?

之前萨克医生被杀并且分尸的谜团还没有解开,现在又出现了两个匪夷所思的谜团,这可比看推理小说要来的刺激得多。想到这,白泽忍不住兴奋得浑身发抖。

6

"怎么样？你有什么发现吗？"看着白泽激动的神情，村长问道。

"没什么有用的发现。对了村长，我能问你几个问题吗？"除了这个几个谜团外，还有一些问题一直困扰着白泽。

"问吧，我一定知无不言。"阅历丰富的村长知道白泽虽然好色，但是为人胆小懦弱，所以不会是凶手。在警察迟迟不能到来的时候，白泽出色的推理能力是可以借助的，所以他爽快地答应了白泽。

"我想问的是，之前被杀的萨克医生是独身吧？"这个问题的答案其实白泽已经知道了，不过为了抛出接下来的问题，他才明知故问。

"是的。"村长一边给烟斗塞烟叶一边回答。

"那失踪的李思也是一个人住？为什么没看到他的家人？还有夏菁，她说害怕一个人住，所以和欣欣她们去了老祖宗家，她也是孤身一人？"这才是白泽真正想问的问题。

"是的。李思的父母在他很小的时候就去世了，所以他是

匿 身

吃百家饭长大的,这也是为什么他大学毕业后会选择回到村子的原因。而夏菁,没人知道她父亲是谁,她的母亲也在几年前因病去世了。"

"哦……"听了村长的回答,白泽心想:两个青梅竹马的年轻人,又同病相怜,而且身边没有父母管束,恐怕早就已经有过什么了。想到这,他心里不由泛起了一丝醋意。

"你还有什么问题吗?"村长看白泽陷入了沉思,出声打断了他的臆想。

"有……有……"回过神来的白泽这才想起案件最关键问题还没问,所以连忙开口,"请问,峡谷真的没法通过吗?我看峡谷虽然有十几米宽,人跳不过去。但是如果借助绳子之类的工具,是不是可以爬过去呢?"

"我就猜你会问这个问题。那我就老实告诉你,峡谷真的无法通过。"村长说到这,吸了口烟,"其实在当初建立村子的时候,我们的祖先就考虑到了这个问题。在我们村子里,靠峡谷一侧的房子,都没有窗户,外墙也非常光滑,根本没有可以捆绑绳子的地方。至于祭祀广场上更是如此。所以,利用绳子越过峡谷是不可能的。当然,如果有城市里那种大型的架桥机,应该是可以的。但是这种地形,机械根本运不过来。所

以,至少以现在村子里的工具,村民是没法越过峡谷的。"

本来白泽心想,如果能借助绳子之类的东西,让村民可以越过峡谷去往另一边,那么第一个谜团就可以解开了。但是听完村长的回答,白泽知道这个推论已经不能成立。其实他也知道,谜团的真相肯定不会这么简单。

"白先生,你对李思失踪这个案件怎么看?"村长问道。

"我觉得,这是一起密室杀人案。"

"密室?"村长对这个词不是很理解,因为在李思失踪案中,并没有什么密室。

白泽看出了村长的疑问,略带炫耀地开始了他的科普:"密室分为狭义和广义两种。狭义的密室自然就是紧锁的房间。而广义密室则代表了所有无法进出的空间。就好像现在这个村子,一边是高山一边是峡谷,唯一的出口又有人看守,所以村民根本无法外出,因此现在村子就是一个广义的密室。但是李思却出现在了峡谷的另一边,也就是说他出现在了这个广义密室的外面。所以,这自然就是一起密室杀人案!"

"哦……"村长听完后,附和地点了点头,其实他根本没听懂白泽的话。

不知不觉,夜已经很深了,村长的烟斗也无法继续帮他抵

广义密室

匿　身

御困意。他起身告辞，回房睡觉。

白天还无比喧闹的房间里只剩下了白泽一个人。

虽然推理小说中的侦探永远都会活到最后，但是现在可不是在小说里，隐藏在暗处的凶手随时可以干掉自己。想到这，白泽打了一个激灵，连忙跑回村长安排给他的客房。在反复检查确认门窗完全锁好后，他这才抱着一根防身用的木棍和衣而卧，不一会儿，就进入了梦乡。

第六章

消失的足迹

匿 身

1

因为前一天走了三四个小时的山路,所以白泽这一觉一直睡到第二天上午。在梦中,他还在不断地还原案件的现场,但是每次都有难以解决的逻辑问题。就这样,白泽在梦中忙了一宿,还是一无所获。

白泽是被女生们的声音唤醒的——即便是在睡梦中,隔壁女生们说话声音也不大,但白泽还是条件反射地从梦中惊醒。

白泽整理了一番衣服,又对着镜子梳了梳凌乱的头发,自认为光彩照人的出现在村长家的客厅时,在场的人却没人理会他,这让他很失落。不过厚脸皮的他马上反客为主,和大家挨个打起招呼来。

现在屋里的人只有欣欣、羽羽、林芸、叶潇、陈瑜、大舅

和村长,因为怕今天讨论的问题引起夏菁的不适,所以借口让她照顾老祖宗,没让她跟来。

"我们接着分析李思的事情吧。"

被白泽打断的众人继续之前的话题,白泽也厚着脸皮加入其中,虽然没有从头参与,但是他还是通过大家的对话了解到目前她们讨论的进度。

"你们说,李思是自己逃走了吗?"

羽羽的这个问题,白泽昨天已经考虑过了,所以他连忙抢答道:"应该不是他自己逃走的。"

"为什么?"几个女孩不解地问。

"如果是他逃走的,他应该会逃往村子的方向,也就是我们昨天上山的那条路,那样的话,我们应该会遇到他才对。"白泽把昨天的分析再次陈述了一遍。

"也许,他跑到一半就被凶手追上了呢?"陈瑜问。

"其实昨天晚上我就针对李思失踪一案进行了全方位的分析……"白泽不太喜欢被动回答问题,他更喜欢以自己为中心侃侃而谈,所以他没有回答陈瑜的问题,而是开始了自己的推理秀:

"我先从头开始分析一下这起神秘的失踪案。首先,我们

匿　身

在下午三点多的时候来到了祭祀广场，去寻找李思，但是广场上并没有李思的踪迹。这时林芸发现在西峡谷有一个疑似李思的男子，而且他的后背上插了一把刀。接下来，我们就火速赶往西峡谷查看发生了什么。但是在差不多两个小时后，当我们抵达峡谷另一边的时候，李思已经不见了，只剩下了一套在泥水里浸泡的衣服，还有一把柴刀。

"从推理的角度来说，李思消失这个事件本身，并不算离奇。在很多推理小说中，都有尸体消失的谜团，但是那些尸体消失的时间往往是在几分钟内甚至一瞬间。所以，李思消失这个事件本身没什么难度，而且有多种可能。有可能是他自己逃走了，也有可能是被凶手处理掉了。

"至于我们为什么没有遇到逃走的李思，其实也很简单，就好像刚才陈瑜问的，有可能是逃了一半就被凶手抓住了，也可能是失足滑下了峡谷。

"不过，以上我说的仅仅是可能而已。根据我昨天在现场的观察，这些可能都已经被排除了。因为，在现场我发现除了消失的李思外，还有一样重要的东西消失了……"

听到这，羽羽终于忍不住问道："什么东西？"

"我想，应该是足迹吧。"这时，欣欣替白泽回答道。

"没错!看来欣欣和我真是心有灵犀一点通啊。"这个时候,白泽还不忘油腔滑调地占便宜。

"这有什么心有灵犀的,只要长了眼睛,都能看出来。"欣欣连忙和白泽撇清关系,"当时在现场我就发现了,在李思衣服的四周,除了我们几个人的脚印之外,就再没有其他脚印了。"

"可是,当时的雨下得那么大,也许是雨水把脚印冲刷掉了呢?"陈瑜的话不无道理。

"这是不可能的。因为连续下了几天雨,所以路上非常泥泞,我们走路时的脚印足有几厘米深。而且,在我们返回的时候,我也专门留意过,我们来时的脚印在过了差不多三四个小时后,依然留有很深的痕迹。所以,不管是李思自己逃走,还是凶手处理了他的尸体,留下的脚印都不可能在一个多小时内就完全消失。"白泽夺回了推理的主动权,抢在欣欣之前做了回答。

2

"那会不会是凶手使用了某种手法,把自己的足迹掩盖掉了呢?"听完白泽的分析,羽羽提出了一个假设。

"不排除这种可能。关于足迹的诡计,也是推理小说中最常见的,不过大多是雪地足迹。泥沙地足迹的话,也有一些。

"例如,凶手一边走,一边用水把身后的足迹冲刷掉,但是那仅限于较短的一段距离,而且也只能适用于较轻的脚印。好像我们昨天那种很深的足迹,用这种方法是根本不可能的。

"再有就是,凶手是利用滑板之类的东西滑行,然后再清理掉滑行的痕迹。不过李思的位置在高处,我们来的方向在低处,所以凶手滑行的话只能是向着我们过来,可是我们一路上并没有什么发现。如果是凶手借助撑杆之类的工具向山上滑行,那么速度一定不会很快,再加上他清理痕迹的时间,所以他应该不会逃得很远。我们昨天在发现李思的衣服后,也曾经向上方寻找了一会儿,但是并没有什么发现。"

虽然感觉白泽人品不太好,但是推理的逻辑却很缜密,在场的人开始对他有点改观。白泽见状,不由得又得意了起来。这下可好,众人刚刚对他产生的一点点好感,顷刻又消散殆尽。

"其实,相比足迹,还有一个问题更为棘手。"白泽等了半天,也不见有人夸奖他,只好尴尬地继续分析起来,"在木

栅栏关闭后,李思还在村子里,而这几天值守的人也说没人出去过,那么李思到底是怎么离开村子的?我昨天曾经问过村长,是否可以借助工具从峡谷上越过,得到的答案是否定的。所以,李思是怎么出现在西峡谷的,这才是本案最大的谜团。"

"也许我们看到的人并不是李思呢?"欣欣提出了自己的看法。

"确实有这个可能,我们觉得那个人是李思,其实也是从他的服装上判断的。所以,也可能是村子外面的人和李思勾结,穿上了他的衣服冒充是他,然后再让李思藏起来,让我们以为李思来到了峡谷的西边。这样,之前萨克医生的尸体出现在广场上的谜团也就可以解开了,那就是这个冒充李思的外人帮李思把尸体运送到广场的。"

"不可能,李思不会是凶手的!"听到这,林芸激动地喊道。

"我知道你不希望他是凶手。但是根据目前掌握的线索来看,只有是他和外人勾结,才能解答前面所有的谜团。"一个青梅竹马的夏菁已经让白泽够嫉妒了,没想到林芸这个外人也维护李思,这让白泽醋意大发,所以一股脑说出了他的全部推

匿 身

理,"发现萨克医生尸体的广场,村民不会进入,所以凶手一定有村外的共犯。而根据陈瑜的证词,也说明了凶手是有两个人。在李思失踪的案件中,他根本不可能出现在西峡谷,所以只能是他的帮凶穿上了他的衣服冒充他,而他则藏在了村里的某处。"

"既然你说是李思杀了萨克大叔,那他为什么还要再费力气制造他失踪的假象?"林芸继续替李思争辩。

"这很简单,因为他想把自己伪装成受害者。让大家以为杀死萨克医生和他的是同一个凶手,这样就可以洗脱他的嫌疑。"

"可是,如果他伪装成自己被杀,那是不是以后就要以假死的状态躲藏一辈子呢?"羽羽觉得白泽的推理有点夸张。

"我想,在不久之后,他应该会满身是伤地从外面回来吧。当然,他是在村子解除封锁后,偷偷跑到外面,然后再弄伤自己返回村子,说自己是从凶手那里逃出来的。至于他是怎么被凶手弄出村子,又为什么被凶手脱掉衣服,还有凶手是谁,他都可以用一句'当时我昏倒了,什么都不知道'来搪塞。这样,他就成了本案的受害者,不会再被任何人怀疑。"

"不过,你说的这些都是假设。村子解除封锁,警察来调

查,起码还要两三天。这么多天里,难道我们就一直等在这里?如果村子解除封锁后,李思没有出现,证明你的推理是错的,那么我们不是白白浪费了这几天的调查时间?"欣欣这么说,并不是针对白泽,其实她也同意白泽的分析,只不过她不想放过其他的可能性。

3

虽然白泽看重女孩的肉体胜过灵魂,但是他也不得不承认,欣欣的推理能力与自己不相上下。所以,他对欣欣有着一种双重情绪,既觊觎她的肉体又排斥她的想法。这让他感觉很矛盾。

欣欣发现白泽在盯着自己,聪慧如她也无法猜出他心里在想什么龌龊的事情,所以只能避开他的视线:"白泽的推理确实有一定的道理。但是还有一些地方我觉得有待商榷。首先,在前往广场之前,我们曾经挨家挨户寻找过李思,但是没有任何发现,所以除非某个村民是他的同伙,把他藏起来然后对我们隐瞒。其次,白泽说在村外有李思的同伙,是他帮助李思把萨克医生的尸体运送到了广场上,然后又在木栅栏封闭前

匿 身

离开了村子。在两天后，我们寻找李思的时候，这个同伙站在峡谷的西边伪装成李思，然后他又使用了某种方法，在我们前往峡谷另一边之前不留足迹地逃走了。先不说有没有能够消除足迹逃走的办法，就说实施这一切的计划，李思至少需要两个同伙，如果他有这么多的同伙，为什么还要等我们到来后，才煞费苦心地制造这么多谜团来杀人？他随时都可以和两个同伙一起，悄无声息地杀死医生，然后把尸体扔进峡谷制造失踪的假象。"

听完欣欣的分析，白泽不得不承认，他之前的推理确实存在着很多解释不通的地方，但是表面上他还是装出一副不屑一顾的样子。

"我觉得凶手为什么脱掉李思的衣服，也是一个关键线索。"这时，陈瑜也提出了自己的看法。

"没错。我也觉得很奇怪，为什么李思失踪了，衣服和柴刀却留在了现场，就好像故意让我们发现一样。难道，凶手是怕我们发现穿着李思衣服的人其实不是李思，才脱下了他的衣服？"羽羽也加入了讨论。

"如果不想隐藏真实身份，直接把人带走或则丢下峡谷不就好了，为什么还要多此一举，脱掉衣服？"欣欣越分析觉得

疑点越多，完全理不出头绪。

"还有柴刀。目前为止，我们已经发现了两把柴刀，分别是在我被发现时以及李思的衣服上，如果说第一把柴刀是为了嫁祸我，那凶手在峡谷西边留下柴刀的目的又是什么？"因为自己曾经被柴刀陷害过，所以陈瑜对李思失踪案留下的柴刀也特别重视。

"哎，不想了，脑袋好疼。我就等着你们两个大侦探最后解开所有谜团，然后讲给我听就好了。"终于，羽羽熬不住了，她挠着头自暴自弃地说。

整整一个上午，都是欣欣这些外来人在分析案情，作为村民代表的村长和大舅却一直没有开口。村长是觉得讨论案情有这些年轻人就够了。而大舅则一直站在一旁观察着大家的表情，希望可以从中发现什么蛛丝马迹。

4

不知不觉，时间已经来到了中午，就在大家准备吃饭的时候，忽然从门外跑进来一个人。

大舅一眼就认出了他是负责今天值守的村民，连忙迎了过

匿 身

去：“你不在村口好好值班，跑到这来干什么？”

"我……我们……"来者上气不接下气地说，"找到……找到……李思了……"

听到这，大家都惊得目瞪口呆。旋即，围向了村民。

"小王，你别着急，慢慢说……"村长上前一步，示意小王冷静。

"还慢慢说什么啊，我们直接过去吧。"急性子的大舅一把拉住小王，直奔门外。

小王带领着一行人来到了老祖宗家。大家心中疑惑，李思怎么会在这里？

来到老祖宗的房间，果然看到李思躺在床上。他的头上缠着厚厚的纱布，正在昏睡。夏菁泪眼婆娑地守在他旁边。老祖宗则坐在火塘边，一言不发地抽着旱烟。

看到大家来了，夏菁一下子扑进欣欣的怀里，放声痛哭起来。大家都知道，她这是高兴的泪水——因为李思找到了，而且还活着。

"好了，现在你把来龙去脉说一下吧。"这时，大舅示意小王可以开口了。

小王喝了口水，说道："今天，我和大老李还有华少一起

值班。快中午的时候,我看到小黑满身泥水地跑了过来。这时我才想起,从李思失踪后,就没再见到过它。我看它浑身狼狈的样子,以为它一定饿了,想要喂它点东西,但是它却不肯吃,反而咬着我的裤腿往村子里拽。我当时就明白,它一定是发现李思的踪迹了。就这样,我跟着它来到了萨克大叔家门口。这让我很纳闷,自从萨克大叔被害后,他家里已经没人住了。但是我看小黑一直在挠着大门,所以我就把大门撞开。结果发现李思正躺在院子中间,浑身是血,然后我就赶紧把他背回了老祖宗家。夏菁告诉我,你们都在村长家,所以我又马不停蹄地赶过去找你们。"

听完整个过程,村长表示小王辛苦了,然后就让他回去休息。

李思真的出现了,而且确实满身是伤,这一切都如同白泽之前的推理一样。唯一的区别就是李思并不是从村外逃回来的,而是在村子里被人发现。

"他为什么会出现在萨克医生的家里?那里我们之前明明已经找过了。"欣欣在心里暗自嘀咕一会儿,问道,"对了,李思怎么样了?"

听到欣欣的问话,夏菁啜泣着说:"我帮他检查过了,他

匿　身

的头被人打了一个大口子，后背也被刺了一刀，不过都不致命。我已经帮他包扎好了，但是他一直都在昏迷。"

"人没事就好，我想他应该是受了伤加上雨淋，才会昏迷的。睡一觉应该就会好了。"欣欣劝慰完夏菁，示意大家跟她出来。

"事情又发生了新的变化，我们还是回村长家再讨论一下吧，留在这会影响李思休息。"

欣欣的提议得到了大家的赞同，于是众人又三三两两地离开了老祖宗家，只有林芸留了下来，帮着夏菁一起照顾李思。

在回去的路上，一行人还顺路去萨克医生家看了下，果然在院子里发现了有人躺过的痕迹，还有一摊已经被雨水冲刷得淡薄了的血迹。

第七章

不在场证明

匿 身

1

"看看,我就说吧,李思根本没有离开这个村子。"刚回到村长家,白泽就迫不及待地自吹自擂起来。

"可是,他并不是从村外回来的啊。"叶潇提出异议。

"他当然不能从村外回来,因为村子已经被封锁了。所以,他只能出现在村子里。"白泽不以为然地回答。

"但是,我们之前曾经挨家寻找过,都没有发现李思,包括今天发现李思的萨克医生家,我们也进去查看过,当时里面一个人都没有。李思失踪的这段时间,他到底藏在哪里?"欣欣还是一直在拘泥这件事。

"也许,真的有村民和他是同伙呗。"白泽觉得既然他的推理已经得到验证,再拘泥这些细节完全没有必要。

"那李思身上的伤呢？头上的伤也许可以自己弄，但是背后的伤呢？他总没办法自己刺自己后背吧。"羽羽提出了她的疑问。

"美女，你实在是太少见多怪了。我有一百种自己把自己后背刺伤的方法，用不用挨个给你演示下？"白泽的话虽然夸张，但道理却没错。自己刺伤自己这种手法，在推理小说里已经被用烂了，就算没有一百种，也有几十种。

"或者，还有另外一种可能。"这时，欣欣忽然有了新的想法。

"什么可能？"白泽觉得自己的推理已经很完美了，不可能还有别的可能性。

"也许李思真的是被害者。凶手其实是村里的某个村民，他确确实实绑架了李思并把他弄晕，然后把他藏在家里。昨天，我们挨家挨户询问的时候，他假装说没有看见过李思。等到今天，趁大家都聚集在这里的时候，他再偷偷把昏迷的李思抬到萨克医生的家里。"

听完欣欣的推理，白泽虽然没有表态，但是心里还是肯定了这种可能性。莫非自己真的是太过反感李思，所以先入为主地把他设定成了凶手？白泽在心中暗想。

匿　身

"对了，我才想起来，从昨天我就没有见到过小黑了，它应该也是和李思一起失踪的。"羽羽又有了新的发现。

"这件事我早就知道了，刚才来找我们的小王不也说过了。你实在太大惊小怪了。"欣欣冷冷地说。

"有吗？我怎么没听到？"羽羽尴尬地说。

换作平时，欣欣肯定会趁机挖苦羽羽几句，但是现在不是和她斗嘴的时候，所以她继续说："我想小黑应该是和李思一起被绑架的，并且也被凶手用麻药之类的东西弄晕了。然后被凶手把它和李思一起带到了萨克医生的家里。也许是因为麻药的剂量比较轻，所以它先于李思醒来，然后跑出去找村民来帮忙。"

"这么说来，在这个村子里，除了李思这个受过高等教育的大学生和熟悉药理的萨克医生外，还隐藏着一个掌握着麻药知识，而且懂得制造不可能犯罪的隐世高手？"白泽不管于私于公，都更倾向于李思是凶手，所以宁可冒着得罪欣欣的风险，也要坚持己见，"而且，如果凶手真的另有其人，他为什么要大费周章地制造李思出现在村外的假象，然后又让我们在村子里发现他？"

"也许……"不知道是不是受到了白泽和欣欣的感染，其

他人的推理能力也被激发,这一次说话的是一直没有开过口的大舅,"也许,凶手是真的想杀死李思,然后分尸。不过,在家里分尸的话,他怕会留下什么痕迹,所以选择在没人住的萨克老弟家里动手。这一点,从萨克老弟家院子里的血迹就可以看出来。如果李思的伤是昨天失踪时造成的,不可能过了一天还会大量出血。我想也许是凶手在萨克老弟家打算杀害李思并分尸的时候,小黑忽然醒了过来,然后跑了出去。所以,凶手才慌忙逃走,没有来得及杀害李思。"

在场的人都觉得大舅的分析更有道理,白泽感觉自己落了下风,便绞尽脑汁想要找出大舅推理的漏洞,但是却怎么也找不到,最后他只好使用下策:"大舅,你不是一直认为凶手是我们外人吗?可李思被发现的时候,我们所有人都聚集在这里啊。你是打算承认自己之前对我们的怀疑是错误的吗?那就赶紧给我们道歉吧!"

2

大舅显然没想到白泽会来这一套,脸涨得通红,半晌说不出话。

匿 身

这时，还是欣欣出言缓和气氛："大舅也是因为老朋友被杀，被愤怒冲昏了头脑，所以才会怀疑我们的。现在对我们有利的证据越来越多，大舅自然就不会再把我们当敌人了。"

"我只不过是说有这种可能而已……你们的嫌疑也没有完全被排除。"大舅嘴上还是不肯服软。

白泽见状，正想出言反击，被身后的村长拉了拉衣角。白泽只好给村长个面子，把要说的话生生咽了回去。

"我觉得，我们现在首要任务是找出那个共犯。因为无论凶手是李思还是另有其人，一定都有一个外村人帮助他实施这两起犯罪。在第一起案件中，他充当运输的角色，负责把医生的尸体运送到广场上。而在第二起案件中，他则在峡谷的西边伪装成李思。"

欣欣的总结得到了在场所有人的赞同，不过去哪里寻找共犯，却成为了更大的难题。毫无疑问，这个共犯现在已经在村外了，那么寻找他无异于大海捞针。更何况，这个人很可能掌握了某种可以消除足迹的方法，想要找到他就更加难比登天。

"如果这个共犯在完成这两起案件后，就回到他自己的家中不再出现，我们恐怕一辈子都找不到他了。除非，他们还会继续犯案，这样我们才有机会抓住他！"

听到白泽的话，羽羽第一个不干了："你这个人怎么回事，居然盼着还有案件发生，是不是有毛病啊！"

被美女痛斥的白泽显然有点委屈："我当然不希望再有案件发生啊。但是如果凶手和那个共犯不再继续犯案的话，那么恐怕我们就再也找不到新的线索，没有新的线索，自然也就抓不到他们了。"

"我觉得，宁可暂时抓不到凶手，也还是不要再发生新的案件了。"这几天，村长明显苍老了不少，他抽着烟斗说，"等雨停了，警察到来后，应该会用技术手段取得一些我们没找到的线索吧。所以，这个凶手应该跑不了。我们现在首要的任务不是找出凶手，而是在警察到来前保护好自己，不要再有人被害。"

"村长，这点你不用担心。我已经告诉负责值守木栅栏的村民们提高警惕，现在就算一只苍蝇也飞不进来，所以不用担心凶手再来犯案。在村子里面，我告诉村民们这些天要全家人待在一起，不要出门。至于这些外来者和老祖宗，则由我来看护。"大舅信誓旦旦地保证道。

"那你和那些值守人员的家人怎么办？你们在外面，她们自己在家不会有危险吗？"欣欣还是很细心的。

匿 身

"这点我早就考虑到了。我安排值守木栅栏的村民都是家里有三个以上成年人的,就算派出一个代表值守,也保证至少有两个成年人在家,所以不会有危险。至于我家里,有我儿子在,他虽说才十八岁,但是体格比我还好,要是凶手不长眼找上门,他一个人就能把对方制伏!"

没想到外表粗犷的大舅心思却是如此细腻,把一切都安排得非常妥当,这让大家在吃惊之余终于放下心来。

不知不觉,又到了晚上,大家在村长家简单吃过晚饭后,就再次返回老祖宗家休息。不过,白泽又被村长留了下来。村长对外宣称是让白泽留下陪他,两个人在一起能安全点。其实他是觉得让白泽和那些女孩住在一个院子里不太放心。关于这一点,大家都心知肚明,但是并没有人说破。

3

大家都离开后,村长和白泽闲聊了一会儿,也回房睡觉去了。独自一人的白泽依旧像前一晚一样,回到属于他的客房,锁好房门,然后躺在床上思考着这两起案件。

正如欣欣所说,不管凶手是不是李思,这两起案件都一定

存在着共犯。第一起案件中,帮凶负责运送尸体,而第二起案件中,帮凶则负责伪装成李思。而且根据欣欣的推理,现在这个共犯应该已经在村外了,这一点白泽也很赞同。

其实白泽也不希望再有案件发生,事情发展到这个地步,已经超出了他这个半吊子侦探的能力范围。所以对于找出真相、抓住凶手,他早就不抱任何希望了。他甚至有些后悔,在白天讨论的时候,自己表现得太过突出。这很有可能会引起凶手的注意,把自己当成一个威胁,从而对自己痛下杀手。想到这,白泽忍不住打了个激灵。他赶紧拉来一张被子盖好。

如果现在共犯真的已经身在村外,而在村子里的凶手害怕再次犯案留下线索并且无法出逃,因此忌惮而不再犯案,这是最好的状况。

不过万一那个凶手是个疯子,癫狂之下想要杀死所有人怎么办?无人生还模式的小说不都是如此?

想到这,白泽还是觉得不应该坐以待毙。等雨停后警方的到来,起码还要三四天,难免会夜长梦多。如果能够尽早锁定凶手,才是自保的上策。正所谓进攻才是最好的防守。

所以,自己还是不能就此懈怠,得继续寻找案件的真相。于是,白泽翻身起床,从口袋中掏出纸和笔,归纳起两起案件

匿 身

的线索:

  第一起案件:萨克医生案

  案发时间:十六日二十一点三十分~十七日一点三十分之间

  不在场证明:欣欣、羽羽、林芸(确认在一起)

      陈瑜、叶潇(十二点左右分开,之后没有不在场证明)

      村长、大舅、李思、夏菁及其他村民(无不在场证明)

  白泽推断案发时间应该就是九点半酒宴结束到次日三点半欣欣她们发现尸体这六小时之间。不过要把一具成年人的尸体分解,就算是身强力壮的男人,起码也需要一两个小时。再加上运送尸块的时间,所以可以再压缩差不多两个小时,也就是九点半大家分开到一点半这四个小时里。本来,陈瑜被袭应该也算是一起案件,但是因为发生的时间和医生被害的时间重叠,所以将它们合并成一起案件。而陈瑜是在十二点多被人袭击的,也侧面验证了医生应该就是在这个时间段被害的。

第二起案件：李思失踪案

案发时间：二十日六点~二十一日十二点

不在场证明：欣欣、羽羽、林芸、陈瑜、叶潇、大舅

（大家一整天都待在老祖宗家）

村长、夏菁及其他村民（无不在场

证明）

第二起案件的时间跨度比较长，从早上六点大舅和李思交接班后，就再没人见到过李思，直到第二天中午时李思被人发现，足足有一天多的时间。不过发现西峡谷假李思的时候，所有人都有不在场证明，而这期间其他村民也都没有离开村子，所以假扮李思的一定是村外的共犯。

4

综合这两起案件，白泽发现所有的外来者，除了陈瑜和叶潇的不在场证明不完整外，其他人都有完美的不在场证明。而陈瑜和叶潇都是第一次来到这里，不会对村子的地形如此熟

匿 身

悉,所以也基本被排除了嫌疑。那么案件的凶手之一,一定就是村子里的人。

在村民中,老祖宗因为年纪太大了,所以被排除在外。

夏菁虽然年轻,而且两起案件都没有不在场证明,但是毕竟是一个女孩子,白泽还是一厢情愿地把她排除了。

至于大舅,在发生第一起命案时,他就一直试图让他们这些外来人背锅。虽然第二起案件有完整的不在场证明,但是因为有共犯的存在,所以他的嫌疑还是最大。

村长虽然年纪也很大了,但是毕竟这两起案件都存在着共犯,所以也不能完全排除嫌疑。

这时,白泽又发现了一个细思极恐的问题:这几天村长都让他留宿在这里,而且总是询问自己对案件的看法,莫非是想探听自己对案件了解到什么程度,如果发现自己掌握了对他不利的线索,就要伺机灭口?想到这,白泽完全坐不住了。他轻手轻脚地来到门口,确认房门已经锁好,但他还是不放心,毕竟这里是村长家,他肯定会有钥匙,或者客房有其他的暗门也说不定。

就在白泽自己吓自己的时候,忽然听到村长房间的门响了一下,吓得他连忙关上灯,然后蹲在门后。几秒钟后,村长披

着衣服走出房间,来到院子里,不知道去干什么。过了一会儿,村长拿着一个长条状的东西回到了客厅里。

白泽一眼就辨认出村长手里拿着的是柴刀,这下他更加确认了村长就是真凶。与此同时,村长也来到了白泽房间的门口,用手推了推门,发现门反锁上了。

白泽双手捂住嘴,吓得不敢出声,他希望村长会知难而退。但是没想到,村长反而在门外敲起了门:"白先生,你在吗?"

他一定是来杀自己了,白泽在心中暗想,因此更不敢回应。村长在门外招呼了几声,发现屋内没有动静。于是他从口袋里掏出了钥匙,轻手轻脚地打开了门锁。

"救命啊!"就在村长推开门走进屋的一瞬间,白泽一下从门后跳出来,一把推开他,跑出了大门。

十五分钟后,大家再次聚集在村长家的客厅里。每个人都面露疲色,但是又没有办法。

"白先生,我怎么说你才能相信呢?"村长苦笑着。

"大半夜,你拿着柴刀来到我的房间,你让我怎么相信你。"白泽躲在人群后面说道。

匿 身

"村长不是说了吗,他出去上厕所,发现你屋里的灯一下子灭了,然后他喊你你又不回应,怕你有什么意外才开锁进入你房间的。"欣欣也替村长解释。

"去上厕所,为什么手上要拿刀?"白泽依旧躲在人群后面不敢露头。

"白先生,我不是说了,我解完手回房的时候,忽然想起这两起案件都和柴刀有关,而我家的柴刀就放在院子里,我怕被凶手拿走,所以打算带回房间,这才拿着柴刀回来的。走到你的门口,想起我出门时你房间的灯忽然灭了,我怕你有什么事,所以才敲门问问,但是你又不回答。我怕你有事这才进屋的,没想到引起了你的误会。"村长的解释虽说有点牵强,但是也还算合理。

当白泽慌慌张张逃到老祖宗家,说村长要杀他时,大家也一度对村长有所怀疑,但是在经过村长的解释后,大家还是选择相信村长,觉得白泽有点杯弓蛇影了。但是白泽一直坚信自己的判断。

"我们大家都知道你和村长住在一起,如果你被害了,村长肯定会第一个被怀疑的。凶手应该不会这么笨的。"欣欣说出了自己的分析。

"他完全可以杀了我之后，再制造出他也被袭击的假象，这样就能掩盖过去了。"这时，白泽挥了挥手里归纳的案件线索，"看，这两起案件中，只有村长完全没有不在场证明！"

不得不说，白泽的假设很有煽动性，这让一些原本相信村长的人，也开始对他产生了怀疑。

第八章

比拟杀人

匿 身

1

"反正不管如何,我是不会再在这住了。"白泽见大家的态度开始倾向于他,趁热打铁地说。

"如果这样你能安心一些,就跟大家一起回去吧。"村长知道他去意已决,只好答应。

于是,白泽和众人再次返回了老祖宗家。

临离开时,大舅对村长说:"要不您去我家住吧,人多还有个照应。"

村长闻听,连忙摇头拒绝了:"我都一把年纪了,而且一辈子也没和人结过仇,所以我不怕有人会来害我。"

大舅实在拗不过村长,只好让他自己小心,然后也跟着众人回到了老祖宗家。

一行人刚一踏进老祖宗家的院子，白泽忽然停住了脚步。

"你怎么了？"几个人不解地问。

"因为刚才的事情，我实在太害怕了，所以我不敢一个人住。能不能让我和你们住在一起啊。没关系，我打地铺就可以。"白泽冲着几个女孩说道。

大家听了白泽的话，面面相觑，不知道白泽是真的害怕还是想趁机占便宜。最后，还是陈瑜开口了："这样吧，我陪你一起住。"

"那你老婆怎么办？你放心她一个人？"白泽才不想和陈瑜住在一起，但是又不好直接回绝，只好拿叶潇当挡箭牌。

"没关系，让她和欣欣她们住在一起就好。"陈瑜早就想好了对策。

"她们那么多人，挤在一起能行吗？"白泽还在做最后的挣扎。

"没关系的，我们的房间很大，而且人多也更安全。"羽羽的回答，让白泽彻底绝望了。

就这样，大舅、老祖宗以及昏睡的李思住在一楼的房间，白泽和陈瑜住在二楼靠近楼梯的客房，而欣欣、羽羽、林芸、

匿 身

叶潇和夏菁五个女孩住在了她们原来的房间。

可能是因为困意已经被刚才的闹剧驱散，所以女孩们一直睡不着。为了忘记身边的烦心事，大家试着聊着一些开心事，不知不觉，她们真的把那些案件都抛到了九霄云外。就连一直忧心忡忡的夏菁，也因为李思的伤势有所好转而露出了笑容。

听着隔壁女孩们叽叽喳喳的笑声，白泽更是百爪挠心，完全睡不着。

"对了，白兄，我一直有一个疑问。"

"什么疑问？"白泽的心思完全在隔壁的女孩们身上，对于陈瑜的问题其实并不感冒。

"为什么凶手要留下两把柴刀呢？"果然还是这个问题在困扰着陈瑜，"如果说凶手留下第一把柴刀是为了嫁祸给我，那么第二把柴刀则完全没有道理留在现场。我想凶手应该是故意让我们发现这把柴刀的，不知道他的目的是什么？"

"如果在推理小说中，凶手故意留下的线索，往往都是对侦探的挑战。不过在现实中，应该不会有这么幼稚的凶手吧。"其实白泽对这个问题也很困惑。

"会不会是柴刀对于凶手或者死者，有着什么特殊的意义呢？"陈瑜问。

"这种柴刀,不仅在村子里是家家必备的,就在这整个地区,也是民众们日常生活中必不可少的工具。"说到这,白泽忽然愣住了。

"白兄?你怎么了?"陈瑜见状,连忙问道。

"柴刀……柴刀……柴刀……"白泽没有理会陈瑜,自顾自地嘟囔着。顷刻,他猛然一拍大腿,"不好,还有一个人会被杀!"

2

凌晨一点。

这已经是今晚大家第二次被聚集在一起了,不过这一次不是在村长家,而是在老祖宗家的餐厅里。

"好了,现在人到齐了,你可以说了吧。"披着外衣的大舅不耐烦地开口。

白泽没有理会大舅的敌意,而是环视了一圈,发现除了老祖宗和昏睡的李思外,果然大家都到齐了。本来他还期待可以看到几位女孩清凉的睡衣装,没想到她们身上穿得一个比一个严实。不知道是因为夜里太冷,还是忌惮白泽那猥琐的目光才

匿 身

有备而来。

"好了,赶紧说吧。"这时,大舅再次催促道。虽然他现在对这些外来者的敌意已经降低了很多,但是唯独对白泽却一直很反感,也许是看不惯他色眯眯的样子吧。

"不要急!我既然这么晚把大家召集来,一定是有重大的发现,所以,我想先请你们做好心理准备……"白泽难得有这种表现的机会,所以还在不急不慢地做着铺垫。

看到大家都把眼睛望向自己,白泽才不慌不忙地再次开口:"刚才,陈瑜拉着我分析案情,其间提到了那把留在李思泥汀衣服上的柴刀。我想到,在当时的环境下,凶手想要处理掉柴刀应该很容易,所以这把柴刀应该是凶手故意留下的,目的就是在向我们暗示什么。这时,我又想起了第一起案件中,捆绑着萨克医生尸块的绳子……"

"什么绳子?"粗线条的羽羽已经忘了这条重要的线索。

"你这是什么记性,不就是之前我们发现,萨克医生尸体的每个碎块上都绑着一根绳子么。"欣欣见状,忍不住提醒道。

"哦哦,我想起来了。难道是你找到绳子的主人了?"羽羽瞪大眼睛问道。

"没错,就是在每个尸块上都捆绑着的绳子。"白泽并没有回答羽羽的问题,而是先示好一样地肯定了欣欣的答案,才再笑嘻嘻地望着羽羽回答道,"我曾经问过村长,那是村民们用来捆绑腊肉的绳子,是村里统一发放的,所以每一家都有。因此,从绳子本身找不到任何有用的线索。但是根据绳子的用途,我却有了新的发现。"

"什么发现?"白泽的铺垫实在太长了,所以大家都有点着急,异口同声地问道。

"我之前说了,绳子的用途就是捆绑腊肉,而我观察了尸块的状态,每一块真的好像腊肉一样被捆绑着。所以,第一起案件的象征物应该就是腊肉。而第二起案件的象征物自然就是柴刀。根据这两样东西,大家能联想到什么?"说到这,白泽得意地望着大家。他知道,现场除了两个人之外,其他人应该都不会想到其中的含义。

"腊肉……柴刀……腊肉……柴刀……"大舅在反复叨咕了这两个词几遍后,终于恍然大悟。而他,正是白泽认为会猜出这两样东西之间关联的两个人之一。

"啊!你是说……"这时,两个人中的另一人——夏菁的答案也呼之欲出。

匿 身

"没错！"白泽可不会放过这个最佳的表现时机，所以他抢先在大舅和夏菁之前说出了答案，"就是走婚！"

3

"走婚?"在场的几个外来者异口同声地复述了一遍这个词。

"走婚是我们民族特有的习俗，所以你们外人可能不太了解……"

大舅的话刚说了一半，就被白泽打断了，一心想在各位美女面前表现的他，绝对不会错过这次良机："走婚是少数民族的一种婚姻制度。这些民族是母系社会，在白天，男女很少单独相处，只有在聚会上以唱歌、跳舞的方式对意中人表达心意。男子若是对女子倾心的话，在白天约好女子后，会在半夜时分到女子的'花楼'下，传统上会骑马前往，但不能于正门进入花楼，而要爬窗，再把帽子等具有代表性的物品挂在门外，表示两人正在约会，叫他人不要干扰。然后在天未亮的时候就必须离开，这时可以由正门离开……"

如果村里有网络，可以搜索一下，那么大家应该很快会发

现白泽这段关于走婚的科普完全是照搬网络的。然而,这个偏僻的村落并没有宽带和无线信号,所以才没让白泽的行为露馅。不过,能够随口背出一整段网络的资料,而且一字不差,从这点来说,白泽确实是个博闻强记的人才。

"其实你的解释并不完全正确。我们族的男女在平时独处的机会并不少,之所以很多恋情都源于篝火晚会,是因为这种晚会往往都是附近好几个村子的人一起参加,所以大家可以结识到更多的陌生异性。在晚会上,如果男孩对某个女孩有好感,就会利用跳舞的机会,在女孩的手心挠三下。女孩如果也有意,则会回挠三下。这样就算是达成了交往的意愿。之后,女孩会偷偷告诉男孩自己家的地址。而男孩就会在晚上偷偷来到女孩的花楼下……"

大舅的话刚说到一半,就再次被白泽打断,他才不会让别人抢了他的风头:"我说的就是一个概括而已,这些细节我都清楚,不过是因为时间关系才没有细说。我接着说……男孩来到女孩家之前,需要准备三样东西,分别是腊肉、柴刀和帽子。腊肉是用来讨好女孩家的狗,喂了它腊肉,它就不会再叫。柴刀则是攀爬花楼的工具,男孩会把柴刀插在花楼的围墙上,然后踩着柴刀爬上花楼。至于帽子,则是男孩爬上花楼

匿 身

后，需要挂在女孩窗外的。代表这个女孩已经名花有主，告诉其他人不要再惦记。"

"哇，好前卫的交往方式。"听完白泽的叙述，羽羽忍不住感慨道。

白泽见大家听得津津有味，一股成就感油然而生，于是继续炫耀他的博学："在确立了关系以后，男孩每次找女孩约会都是天黑后偷偷前往，不过这时可以从女孩房间的正门进入，但还是必须要在天亮前离开。因此，除了女孩自己，她的家人都不知道男孩是谁。在走婚期间，如果女孩对男孩失去感觉，可以选择在男孩到来时不给他开门，那么男孩就会明白女孩的心思，不再来骚扰。两个人如果发展顺利，当女孩怀孕后，她可以选择公开孩子父亲的身份，和他结为夫妻。也可以选择继续隐瞒，和孩子的父亲一刀两断，自己独自抚养孩子。"

"好浪漫、好自由的婚姻啊！完全不需要父母之命、媒妁之言，甚至都不需要让外人知道自己另一半的身份。这样的话，就算将来两个人不能在一起，也不会影响彼此的生活。"听到这，叶潇也开始感慨起来。

"不过，现在随着交通的进步，还有文化的普及，我们族的走婚传统已经越来越少了。最近十年，我们村子就已经没有

走婚了。附近的村子，应该也和我们村子差不多。"大舅说到这，不禁有些伤感，不知道是不是勾起了他什么尘封的记忆。

"如此说来，村子里发生的两起案件是按照走婚的步骤进行的？第一起案件代表着腊肉，第二起案件代表着柴刀，所以你觉得还会发生第三起案件，而且会和帽子这个线索有关？"还是欣欣比较理性，她在众人的感慨中把讨论拉回了正题。

"没错。除了这个原因，我实在想不出凶手还有什么理由要留下这把柴刀。"白泽说完，环视了大家一眼，"因此，我们要抢在凶手之前，阻止第三起命案！"

4

"现在我们就要出去寻找线索吗？"望了一眼窗外如墨的天空和无尽的雨帘，羽羽问。

"我知道大家今天都很累了，凶手应该也能想到这一点。所以，如果他真的要杀第三个人的话，现在应该就是最好的时机。"

比起大家都反感的白泽，欣欣的说服力更强，所以在她分析之后，在场的人都同意现在出去寻找。

匿 身

"现在这个时间,村民们应该早就已经入睡了,所以如果发现还有人在村子里走动,那么就一定是凶手。"白泽补充道,"另外,为了避免危险,同时也是互相监督,我们大家要一起行动。"

出发之前,不放心留下老祖宗一个人和昏睡的李思,所以夏菁打算留下来。这个行为合情合理,但是却遭到了白泽的反对。

白泽认为,这次外出寻找凶手,必须得有村民陪同才行,不然就算他们抓到了可疑人物,如果目击者都是他们这些外来的,村民们恐怕也不太能接受,甚至会觉得他们是在嫁祸。而且陪同的村民至少得有两个人以上,这样的证词才能更有说服力。

在思考了一会儿后,大舅同意了白泽的建议。不过不留下人看护老祖宗也是不行的,但是他又不放心留下他们这些外人看护老祖宗,所以他让村口值守的三个村民顺便帮忙看着老祖宗家的大门,不要让任何人出入。一切安排妥当后,一行人就冒着连绵的夜雨,融入了村子的墨色之中。

村子位于山坡和峡谷之间的一条狭长地带,从村口向祭祀

广场的地势是逐渐升高的,但是落差只有十几米,所以走起来并不觉得吃力。村里只有一条主路,民居分列在主路两侧,每一家都是传统的独栋二层民族建筑,彼此并不相连。

每一户村民家,不管有没有女儿,都会设立一个花楼,也就是位于二楼尽头的独立房间。在村子里,花楼都是位于民居的北面,而与之相邻的民居在南面则没有窗户,之所以这样设计,就是为了避免在走婚时出入花楼的男孩会被邻居看到,最大限度地保护女孩的隐私。

因为花楼位于两户民居之间的小巷里,所以正常在主路行走时,除非特意去看,否则是看不到花楼窗户的。因为主路上相对明亮,视野良好,凶手不太容易放置帽子,所以大家把重点放在了小巷上,尤其是花楼的窗户附近,更是重点检查对象。

这种小巷长的不过三五米,短的只有一两米,在巷口就能望见整个巷子。在之前搜寻李思的时候,大家也曾经挨个巷子查看过,并没有发现什么异常。只不过,这一次要搜寻的是帽子,比人可要小多了,所以查看起来要更加仔细。

村子里大概有四五十户人家,那么差不多就有二三十条小巷,每条小巷大家都要仔细检查一遍,亲眼确认后才放心,因

匿 身

此花费了不少时间。

用了差不多一小时,大家终于来到了村长家门口。村长家和隔壁夏菁家之间是最后一条小巷,如果还找不到线索,就只能等天亮后,挨家挨户进院去搜索了。大家抱着同样的想法,走进了小巷。

然而,当踏入小巷的一瞬间,众人瞬间惊呆:夏菁家的花楼窗户上,赫然挂着一顶白色的帽子……

第九章

诡 计

匿 身

1

在伸手不见五指的夜色之中,一顶帽子在手电微弱光芒的照射下,反射着惨白的光芒,仿佛在嘲笑着大家。

"帽子为什么会在我家?"夏菁看到眼前的一幕,明显比其他人更为震惊。

"门钥匙!"站在一旁的欣欣向夏菁喊道。

"我……我家的门没锁……"

夏菁的话还没说完,欣欣就第一个冲出了小巷。其实白泽离巷口更近,反应也更快。但是他下意识地等了一会儿。虽然他也想在女孩们面前表现一下,但是还是更担心凶手现在还在夏菁家里。所以,当欣欣冲出去后,他才紧随其后跑出小巷。

欣欣虽然是个女孩,但是曾经学过跆拳道,而且身后有这

么多人,所以她并不惧怕凶手还在夏菁家。相反,她更希望能够把凶手堵在里面。这样就能结束这一连串噩梦般的事件。

欣欣一把推开夏菁家院子的大门,径直跑上二楼,直奔夏菁的房间——花楼。白泽紧随其后。大舅跟在他们之后,本来也想直接上楼,但是突然想到了什么,然后回过身来告诉陈瑜和叶潇,让他们守住大门,安排羽羽、林芸和夏菁三个女孩返回巷子守在花楼的窗下。

欣欣是因为看到新线索出现,急于找出凶手,所以才不顾一切冲向花楼。白泽则是想在女孩面前表现自己的勇敢。

相比之下,大舅的表现更为成熟:如果凶手还在花楼里,那么欣欣和白泽应该可以暂时应付。但是此时凶手也可能藏身在一楼或者院子里的某处,如果大家一股脑地都跑上二楼,而凶手趁机逃跑,就会功亏一篑。所以他才让陈瑜和叶潇守住门口。

另外,大舅还有更深一层的思考,如果凶手真的还在花楼里,面对突然到来的欣欣和白泽,也可能会选择跳窗逃走,所以他才让三个女孩守在花楼下面。她们虽然都是女孩,但是毕竟人多,只要与凶手周旋上几秒钟,就能争取到足够的时间。

当大舅把所有人都安排妥当,进入花楼的时候,发现里面

匿　身

只有白泽和欣欣两个人。欣欣正因为没有和凶手狭路相逢而感到懊恼。

大舅见状，走出花楼。把所有房间和院子检查了一遍，依然不见任何人的踪迹，看来凶手早就跑了。无奈之下，他只好再次返回花楼。

"看来凶手已经跑了。"大舅冲着欣欣和白泽说。

"我们又来晚了。"欣欣更加懊恼了。

"其实不算晚，因为我们抢在凶手杀人之前发现了这里，破坏了他的计划。如果等到明早，我们在这里发现的也许就是第三名受害者的尸体。幸亏我洞悉了凶手的犯罪计划……"到这时，白泽还不忘吹嘘自己的推理能力。

"也许帽子上会有什么线索吧？"欣欣说完，来到窗口，伸手去摘帽子，结果却发现够不到。

"还是我来吧……"白泽献殷勤地跑了过去，然而他的身高和欣欣差不多，够了几下也没有够到，只好望着欣欣尴尬地笑了笑。

"我来吧。"这时，人高马大的大舅走了过来。欣欣和白泽连忙给他让开位置。

大舅几步来到窗前，抬手想要去摘帽子。就在这时，众人

看到了此生难忘的一幕：

当大舅来到窗口的一瞬间，他的身体僵硬了一下，一团黄白色的火焰从他的脚下升腾而上。顷刻，大舅的全身就被火焰包围。白泽见状，立刻拉着欣欣跑出花楼。而站在花楼窗外巷子里的三个女孩，眼睁睁地看着大舅在火焰中痛苦地挣扎……

2

"怎……怎么办？"看着花楼上在火焰中挣扎的大舅，几个女孩带着哭腔喊道。

闻声赶来的陈瑜夫妇以及从楼上逃下来的白泽和欣欣，也都来到了巷子里。但是大家望着花楼上翻滚的火焰，完全没有任何办法。

现在，大家只能祈求雨下得再大一些，好把这骇人的火焰浇灭。然而，虽然现在的雨势并不小，但是对于瞬间爆发出的火焰，却起不到任何作用。

"怎么了？"就在这时，听到喧嚣声的村长披着衣服走出大门，当他看到起火的隔壁时，不由惊骇在地。

匿　身

"你们还愣着干什么？赶紧去救火啊！"村长毕竟是见多识广的，很快就恢复了镇静，冲着大家喊道。

"救火？怎么救？"众人面面相觑地对视了一下，问道。

"去广场，那里有消防龙头！"

村长说完，转身向着祭祀广场跑去。大家不明所以地也跟在后面。但是，来到祭祀广场的入口，村长却停住了脚步。

村长身后的欣欣知道这个时间，村民是不敢进入广场的。于是她对村长说："您老人家就在这等着，我们进去就好。你只需要告诉我们消防龙头在哪就可以。"

村长闻听，感激地冲欣欣点了点头，说："在广场最东边的山坡边，有一个水池，消防龙头就在那边。"

听完村长的介绍，欣欣立刻带着其他人进入了广场。几个人的视线刻意避开那张盖着萨克医生尸体的塑料布，来到了广场的东面，那里果然有一个水池，水池上方有一股水流从山坡上流淌而下。在水池旁边，也有一张塑料布。大家掀开塑料布，发现下面是一个柴油发电机，还有一根连着水泵的水管，水管的顶端有一个高压消防喷头。

陈瑜以前干过建筑，所以懂得发电机的用法。他用力地拉了几下发电机上的开关，发电机就"嗡"的一声开始工作。消

防水管一头在水池里，另一头连接着水泵和发电机。

白泽环视了一下，发现现场只有两个男人，陈瑜正在操作水泵和发电机，那么剩下的体力活只能由自己来干了。无奈之下，他只好拿起连着消防水管的高压喷头，朝着祭祀广场入口的方向走去。

水管比想象的要重很多，白泽平时疏于锻炼，这十几米的路程走得异常吃力。还好有几个女孩在后面帮着抬，他才在腿软倒地之前来到了广场入口。

这时，闻讯赶来的几个村民正和村长等在入口，看到白泽把水管抬来，他们立刻接了过去，朝夏菁的花楼跑去。

因为有水泵的帮助，所以水管喷出的水流很强，轻松就喷到二楼。就这样，一伙人通过消防水管从外面喷水，一伙人从夏菁家二楼用盆和桶泼水灭火。大家忙了半宿，总算是将火扑灭了。

因为这些天一直下雨，房屋的墙壁很潮湿，加上救火及时，所以夏菁家只有花楼被烧毁殆尽，别的地方还算完好。

火被扑灭后，几个年轻人冒着屋子坍塌的危险，从已经成为废墟的花楼中抬出了大舅的尸体。看着已经被烧焦的大舅，在场的人都失声痛哭起来。

匿 身

"都是因为你们，我爸爸才会死的！"一个身体健壮的少年，抓着白泽的衣领怒吼着。

"就是！就是！我们村子这么多年都相安无事，这几个外乡人一来，接连死了两个人，还有一个昏迷不醒！他们就是灾星！"其他的村民也愤怒地嚷道。

白泽挣脱了大舅儿子的双手，躲在了几个女孩的背后。这群外来者被愤怒的村民包围起来，现场剑拔弩张，冲突一触即发。

村长见状，想要安抚愤怒的村民，但是他人单力孤，劝说声很快就被村民们的怒吼声淹没了。就在他一筹莫展的时候，远处忽然传来了一个苍老的声音。

3

众人循声望去，李思正搀扶着老祖宗缓步走来。夏菁见状连忙迎了上去。

"你醒啦。"夏菁含着泪花问道。

"嗯。"李思冲夏菁点了点头，继续扶着老祖宗走进人群。老祖宗再次用苍老的声音说了几句话，都是本地民族的语

言。这些外来者一句也没听懂,但是村民们在听到老祖宗的话后,情绪明显平稳了下来,现场一度陷入到可怕的寂静之中。

"老祖宗说,你们是不是凶手,要等警察来定夺。在这之前,你们还是客人,所以我们不能失礼。"夏菁把老祖宗的话向欣欣他们翻译了一遍。

老祖宗把村长叫到身边,和他低语了一会儿,然后就让李思和夏菁搀扶着她离开了。村长目送老祖宗远去后,转身对在场的村民说:"老祖宗说,在警察到来之前,木栅栏不会开放,依然每天派人值守。所以大家不用担心这些外来者会逃走。而在警察到来前这段时间,这些外来者会继续暂住在老祖宗家,并且由我、李思和夏菁负责陪同。"

听到村长的话,村民们互相看了看,他们明白村长口中的陪同其实就是监视,所以最后终于达成了共识,三三两两地回家了。村长告诉大舅的儿子乌旺,这阵子要照顾好他母亲,等警察来了,一定会给他一个说法的。

白泽一行人回到老祖宗家,李思和夏菁正等在院子里。老祖宗实在太疲惫,已经先睡了。大家一想到这么晚了还麻烦老人来回奔波,心里都有些过意不去。

"你们是想先回去休息,还是我们再谈论一下乌金的案

匿 身

件？"村长望着大家问道。

一个晚上折腾了几次，大家都已经身心疲惫，但是此刻却没人想去休息，因为心里都有太多的疑问，急需和别人交流一下。因此，众人都表示不想去休息，于是大家再次聚在老祖宗家的餐厅里。

欣欣看了眼手表，已经是凌晨三点半，一想到两个小时前，大家还和大舅在一起讨论走婚的事情，现在却阴阳永隔，即便她对大舅没太多好感，可一个大活人瞬间消逝在自己眼前，她还是不禁感慨生命无常。

在座的人和欣欣的想法差不多，所以谁也没有吭声。最后，还是村长打破了沉默："我知道大家的心情都很不好，但是既然事情已经发生了，我们只能去面对。"

大家都知道，其实村长的心里是最难受的。毕竟乌金就好像他的儿子一样，所以他的死对村长的打击应该是最大的。但是现在他能够如此镇静地开导大家，让大家感觉既心疼又敬佩。

"没错，既然是大家都同意要继续讨论案情的，所以我们也不要再悲伤了，找出凶手就是对死者最大的告慰。"白泽是所有人中对大舅最没好感的，也是情绪受影响最小的，因此他

站出来主持会议,"现在果然如我之前推理的那样,发生了第三起案件,所以,我就把这起案件发生的过程再整理一遍,也好让之前没参与我们讨论的村长和李思了解一下。几小时前,我发现了三起案件之间关联的线索。当然,那个时候还仅仅发生了两起案件,所以能从两起案件中推理出凶手的犯罪计划,我真挺佩服我自己的……"

"行了,不要自卖自夸了,赶紧进入正题吧。"

如果是平时,看见白泽自吹自擂,大家最多一笑置之。然而现在这种场合,白泽还在吹嘘自己的推理能力,让大家都很反感。

白泽见状,也感觉自己的行为有些不妥,只好尴尬地挠了挠头,继续开始他的推理秀……

4

"第一起案件和第二起案件的重要线索是捆绑成腊肉形状的尸块和被凶手遗留在现场的柴刀。通过这两个线索,我推理出这应该是比拟杀人,也就是说凶手是按照走婚的步骤来杀人的。所以,我判断凶手还会再杀一个人,而且关键线索就是

匿 身

帽子。"

听到这,村长和李思忍不住"啊"了一声,他们是第一次听到这个信息。白泽的说明其实也完全是针对他们的,因为其他人都已经知道了这件事。

"为了抢在凶手之前,阻止犯罪再次发生,我提议大家连夜去寻找线索。所以我们一起找遍了全村,最后在夏菁姑娘的花楼窗外发现了帽子。我们当时判断凶手很可能还在花楼里,于是连忙赶了过去……"白泽把自己描述得异常勇敢,"当我和欣欣姑娘来到花楼上时,发现屋里空无一人。之后大舅把其他房间和院子里都仔细搜查了一遍,也没有发现任何人。之后,我们想要从帽子上寻找线索,便打算摘下帽子,不过帽子挂得太高了,我和欣欣都够不到,所以大舅就来摘帽子。也就是在那个时候,他瞬间自燃了起来……因为火势太大,我赶紧拉着欣欣跑到了楼下,之后的事情你们都知道了。"

听完白泽的讲述,在场的每个人都补完了自己没有经历的那一部分空白,对事件的全貌有了完整的了解。

"你是说,大舅自燃的时候,花楼里只有你和欣欣?"李思刚刚苏醒,身体还是有些虚弱。

"是的。"白泽漫不经心地回答道,不过他很快就明白了李

思这个问题的含义，"你是怀疑我们杀害了大舅？"

"这可是你自己说的……"李思的回答以守为攻。

"案发时，花楼里只有我、白泽和大舅三个人。现在大舅死了，所以你怀疑我们俩是可以理解的。"欣欣冷静地说，"也正是因为在这种情况下，现场只有我们三个人，如果我们杀死了大舅，不就等于把嫌疑引到了自己身上吗？这不就是作茧自缚吗？"

"你说得没错。在当时那种情况下，大家都知道现场只有你们三个人，其中一个人死了，剩下的两个人自然嫌疑最大。而前两起案件的凶手，明显具有很高的智商和布局能力，应该不会这么愚蠢把嫌疑引到自己身上。"李思把欣欣反驳的话重新概括了一遍，接着话锋一转，"不过，正因为凶手具有很高的智商，他想到别人以为他不会作茧自缚，所以才反其道行之，这才更能体现出凶手的高明！"

"你……你……"这下，就连白泽也不得不承认李思的假设确实很有道理，一时语塞，不知道该如何反驳。

"当时除了大舅，在花楼里还有我姐姐和白泽。如果凶手是他们两个其中之一，为什么另一个不揭露对方？"虽然平时经常和欣欣斗嘴，但是关键时刻，羽羽还是站在姐姐这一

匿 身

边的。

"有可能他们两个都是凶手,所以才会互相包庇。"李思说。

"不可能!姐姐之前和白泽根本不认识,怎么会成为同谋?"羽羽继续争辩道。

"那就是凶手使用了某种隐蔽的手法杀死了大舅,另一个人没有发现。"李思这次的假设似乎更有说服力。

"我们都是第一次来这里,和村里人互不相识,为什么要杀他们?"白泽终于恢复了冷静,加入到争论的行列中。

"大舅经常外出采购,医生也偶尔外出就诊,很可能和凶手在村外发生过矛盾。所以,就算你们是第一次来到这里,也不能说没有动机。"

"如果我们和大舅或者医生之前有过纠纷,为什么在酒席上他们没认出我们,反而是第一次见面的样子?"欣欣追问道。

"这也很容易解释,你们不是纠纷的当事人,而是当事人的亲戚或者朋友,你们是来帮别人报仇的。所以大舅和医生自然不会认识你们。"李思虽然以一敌众,但是逻辑却一直很清晰。

就如同屋外连绵的阴雨一般,屋内的争论也一直持续着,直到大家都精疲力竭。

5

不知不觉,时间已经到了清晨。天色虽然比夜晚时要亮上一些,但天空依旧被乌云笼罩着,雨也丝毫没有要停的迹象。

客厅里的人,只有李思、白泽和欣欣三人还在争论,其余的人已经东倒西歪地靠着椅背或者趴在桌子上睡着了。

"因为你的替身出现在峡谷另一边的时候,我们这些外来人都在一起,这点有夏菁可以证明。所以,我们绝对不可能是凶手。"白泽还在和李思争辩着。

"就算那是真的又如何?你们也说了,本案一定存在着共犯,所以就算你们有不在场证明,也不代表你们就不会是凶手。"李思遇袭后发生的一系列事情,他已经听夏菁说了,所以对大家寻找自己的经过完全知晓。

"你一直在怀疑我们,我觉得你才最可疑⋯⋯因为有共犯存在,而且一定是个村外人,所以他可以帮你运送萨克医生的尸体去广场,也可以冒充你出现在峡谷的西边。而你,只需要

匿 身

躲起来,让我们以为你失踪了,再在适当的时候出现就好,然后谎称自己被凶手打晕,所有的事情都不记得了。"白泽把之前的推理又复述了一遍。事实证明,其中大部分都是正确的,李思的嫌疑确实很大。

"我本来就是和大舅交接完班,在回家的路上被人打晕的,什么叫谎称?而且,你们发现我的时候,我也是身受重伤,如果你们晚发现我一会儿,我可能就会失血过多而死。如果我是凶手,有必要拿自己的生命冒险吗?再说,我失踪后,你们不是找遍了全村吗?我哪有地方可藏?"李思一连串的反问,再次让白泽无言以对。

"你也承认,凶手具有很高的智商。所以,他很有可能设计了一个杀人机关,让自己不在现场也能杀死大舅。"欣欣提出了新的看法。

"杀人机关?"李思听到这,沉思了一下,继续说,"你说过,案发时你和白泽曾经先后去过窗口,那个时候什么事情都没有发生,为什么当大舅来到窗口的时候,就触发了机关?"

"这我们怎么知道,我们要是知道是大舅触发机关的,早就说出来了,还用坐在这里等着被你诬陷吗?"白泽的话虽然有点无理取闹,但是也不无道理。

"反正不管你们怎么说,大舅遇害的时候,花楼上只有你们两个。要么你俩都是凶手,互相包庇;要么你们其中一个人使用了隐蔽的手法,趁另一人不注意杀死了大舅。当然,还有第三种可能,就是另有真凶设计了某种远程杀人的机关。"李思显然不愿意再和白泽争论下去,直接说出自己的最终结论。

"我肯定不是凶手,白泽的言行我也没发觉有什么异常,所以我更倾向你说的第三种可能。"欣欣说。

"我也这么想。"白泽连忙附和道。

"如果你们真的认为凶手使用了什么远程的杀人机关,就请找出来吧。这样就能洗清你们的嫌疑,我也会向你们道歉。"李思说完,打了一个哈欠,"我实在太困了,恕不奉陪。"

说完,李思叫醒了村长和夏菁。他示意夏菁去老祖宗的房间休息,自己和村长去老祖宗房间的外屋休息。出门时,他转头向屋内的其他人说道:"你们也回去睡一会儿吧。如果凶手在你们中间,我也善意地提醒一句,现在已经是白天,不像夜里那么容易隐藏行迹,而且村口还有人值守,希望你不会傻到再去杀人。"

说完这句话,他就头也不回地走出了房间。

6

李思他们三个人离开后,房间里只剩下了白泽、欣欣等人。

"你们讨论出结果了吗?"羽羽揉着惺忪的睡眼问。

欣欣摇了摇头:"好了,我们也去休息吧。其他的事情等睡醒再说。"

欣欣、羽羽、林芸和叶潇依旧睡在二楼的房间里。睡觉前,欣欣还不忘设置"报警器"。这个报警器,主要是防白泽的。

白泽和陈瑜睡在靠近楼梯的房间里,他们把几张椅子堆放在楼梯口,以起到阻碍和报警的作用。这都是从欣欣那现学现卖的。同时,为了保护里面的几个女生,他们敞开着门,这样如果有人上来,会更容易觉察。

其实白泽知道,他们根本不用如此紧张,因为凶手的计划已经全部完成。如果凶手犯罪的顺序真的像他推理那样是依照走婚的步骤进行的,那么大舅应该就是最后一个死者。当然,这是建立在凶手行为是李思的推理基础上。

如果李思不是凶手，那么真凶也许会再找机会来杀死他，但这和他们这些外来者已经无关了，他们最多就是被嫁祸的对象，不会成为死者。

身边的陈瑜不一会儿就鼾声震天，看来是累坏了。白泽虽然也很疲惫，但是却怎么也睡不着。一方面是因为陈瑜的鼾声，更主要的是他还在纠结大舅的死因。

根据现场的状况，确实如李思所说，他和欣欣的嫌疑最大。自己肯定不是凶手，而欣欣应该也不是凶手，就算自己被对方的美貌蒙蔽，但是在花楼上时，自己曾在欣欣之后也去够过那顶帽子，然后才轮到大舅。如果是欣欣使用了某种隐蔽的手法杀人，那为什么紧随其后的自己没事，反而是自己身后的大舅被火烧死了？莫非这是一个时间差杀人机关？

白泽不相信在如此促狭的时间内，欣欣能够在自己眼皮下完成这种机关。所以，他才更倾向最后一种可能——凶手预先在花楼里设下了机关。

如此一来，问题就更多了。凶手想杀的人到底是谁？

如果想杀的是大舅，那么这个机关的时间设定必须精准无比。而且凶手怎么知道大舅一定会上花楼？又怎么知道他会在什么时间出现在窗口？

匿　身

如果凶手想杀的不是大舅，而是无差别杀人，那么死者就可能是任何人。这样一来，他的动机又是什么？难道仅仅就是想完成比拟杀人的全部步骤？不过，多杀一个人，露出马脚的概率就要增加几倍，凶手会为了毫无意义的形式铤而走险吗？

而且，不管凶手想杀的是谁，他是怎么让死者瞬间自燃的？虽然当时形势紧急，自己没有仔细观察现场，但可以肯定的是在窗前并没有什么奇怪的东西，甚至连家具都没有。凶手是怎么设计的机关？

诡计！

白泽在心中暗自叨咕了一遍这个词。在推理小说中，存在着各种各样天马行空的诡计，自己也曾经无数次挑战这些谜团，有的时候可以猜出真相，有的时候则被作者耍得团团转。而如今，居然在自己的身边出现了"活生生"的诡计，这远比看推理小说要来得可怕。

第一起案件中，因为有共犯的存在，所以并没有什么难解的诡计。而第二起案件中，虽然有假李思消失的谜团，但毕竟现场是一个开放性的场所，所以也没什么可以确定为诡计的谜团。只有在第三起案件中，出现了一个人在众目睽睽之下自燃

的谜团,这也是这三起案件之中唯一的诡计。

前两起案件发生后,白泽曾经进行过无数次的推理和假设,虽然有了大致的方向,但是并没有决定性的证据。如今在第三起案件中第一次出现了匪夷所思的诡计,所以白泽直觉地感到,如果自己能够解开这个谜团,那么也许前两个案件的谜题也都会迎刃而解!

就这样,白泽在兴奋和疲倦的夹击之下,终于缓缓睡去……

第十章

侦探

匿 身

1

因为一晚的奔波,几个女孩实在太累了,所以一直睡到了傍晚才起床。她们简单打扮一下后走出房间,在经过楼梯口的房间时,发现只有白泽还在酣睡,陈瑜已不见了踪影。

"老公!老公!"叶潇想起几天前陈瑜遇袭的事情,吓得脸色苍白,连忙一边叫嚷着,一边跑下楼。

"我在这……"听到叶潇的声音,陈瑜推开院门从外面走了进来,"我在门口抽根烟。"

"吓死我了,我还以为你又……"叶潇话说到一半,就扑到陈瑜怀里哭了起来。

"我这不是好好的,你哭什么。"陈瑜轻声安慰叶潇。

"你们都起来啦,正好晚饭好了,赶紧过来吃吧。"闻声从

厨房里走出来的夏菁招呼大家。虽然发生了这么多事情，但是她对这些外来的客人还是很友好。

众人落座后，想起上次大家聚在一起吃饭时，席间还有大舅。现在大舅已经不在了，他的位置上变成了村长。村长看来也没有休息好，脸上满是憔悴。

"对了，白先生呢？"村长看了一圈，发现没有见到白泽，连忙问道。

"我们下来的时候，他还在睡觉。"欣欣回答。

"那我上去叫他吧。"夏菁刚想起身，却被身旁的李思一把拉住了。

"还是我们先吃吧，给他留点菜就好。"欣欣看出了李思的想法，也知道在场的人都不太喜欢白泽，尤其是女孩们。

就这样，当白泽饿醒的时候，已经是夜里九点了。他饥肠辘辘地走出房间，发现隔壁女孩们的房间灯火通明，里面还隐约传来说话声。于是他轻手轻脚地走到门口，扒着门缝向里面窥探。

然而，当他的眼睛刚接触到门缝的一瞬间，身后忽然响起了咳嗽声，吓得他连忙直起腰来。

白泽转过身，发现来者是陈瑜，倍感尴尬，于是结结巴巴地

匿 身

说:"我……我是……怕……怕她们有事,所……所以……"

陈瑜很清楚白泽的为人,知道他为人好色轻浮,但是本质并不坏,所以岔开话茬:"村长让我上来看看你醒没,醒了的话叫你下去吃饭。"

"好好。"白泽闻听,好像得到特赦令一样,连忙丢下陈瑜,头也不回地跑下楼。

望着白泽仓皇的背影,陈瑜忍不住摇了摇头。

"这样侦探真的靠得住吗?他能够帮助我们找出真凶吗?"陈瑜满是困惑地跟着走下了楼梯。

2

白泽来到餐厅,发现村长、李思和夏菁正坐在餐桌旁。他刚想要打招呼,结果李思全程无视他,拉着夏菁回了老祖宗的房间。白泽只好把抬了一半的手放下,冲着村长尴尬地点了点头,然后坐下。

"大家给你留了菜,刚刚给你热了一下,你趁热吃吧。"

听村长这么说,白泽有点感动,他觉得这里的所有人,只有村长对他最为友好。他想到之前还曾经怀疑过他,心里很是

过意不去。这时,陈瑜也走下了楼,坐在村长旁边,看着白泽狼吞虎咽地吃着晚饭。

白泽吃完了晚饭,望着对面的两个人,知道他们有事对自己说,于是开口问道:"你们有事吗?"

"这个……"村长刚开口就犹豫了,他拿起烟斗重重地吸了一口,才继续说,"我们刚才把第三起案件的经过又讨论了一遍,大家一致觉得你最可疑。"

白泽已经料到了这个结果,因为根据之前李思的推理,他和欣欣的嫌疑是最大的,而自己又是在欣欣之后前往花楼窗口的,所以也是最有机会给后面的大舅设置自燃机关的人。昨晚,他就已经思考过这个问题了。

"所以呢?"白泽想到这,继续问道。

"所以,大家决定二十四小时监视你。"回答白泽的是陈瑜,"也就是从现在开始,到警察到来之前,我会和你形影不离。"

"我上厕所你也要跟着吗?"白泽多么希望负责监视他的是一个女孩啊,但是他也知道这是不可能的,所以自暴自弃地调侃道。

"我会在门口等着你。"陈瑜一本正经地回答。

匿　身

"好吧。既然你们都决定了，我也就只好恭敬不如从命。"白泽假装无奈地回答，其实在他的心中另有想法。

白泽之前判断，按照走婚比拟的三起案件都已经发生了，代表凶手的犯罪计划已经完结。即便有意外，最多是凶手会找机会再去谋杀第二起案件中幸存的李思。对其他人应该不会再有任何威胁。

但是在刚才起床后，恍惚之间他产生了一个新的想法。如果凶手想要在警察到来前脱罪，很有可能会再杀死一个人，然后将其伪装成凶手畏罪自杀的样子。这在很多推理小说中都是常见的桥段。如果凶手想要嫁祸给别人，那么嫌疑最大、推理能力超群、对凶手威胁最大的自己，自然就是最佳人选。所以，自己很有可能会是最后一个死者。

现在，大家把自己当成嫌疑人，进行二十四小时监视，对自己来说其实是再好不过的贴身保护。不过，还有一个小小的问题……

想到这，白泽说出了自己的想法："俗话说，三人成众。只有我和陈瑜两个人，万一其中一个人有事发生，另一个人就百口难辩了。所以我觉得还是再增加一个监视人比较好。而这个人，应该和我俩都没有任何关系，最好是村里的村民，而且

对我们俩比较熟悉。"

说完，白泽直盯着村长。他还心存着万分之一的侥幸，希望村长会派夏菁来监视他。

村长深邃的目光一下就洞悉了白泽的想法，笑着说："和你们相熟的村里人，只有李思、夏菁和我。李思的话，和你关系不太好，派他监视怕会为难你。夏菁的话，一个女孩子也不方便和你们两个男人同吃同住。所以，就只能是我亲自出马了。"

对白泽来说，虽然这不是他想要的，但也不是最坏的结果，所以他也只能点头同意。

3

"傍晚的时候，我又打了一次报警电话，把新发生的两起案件都向警方汇报了一遍。"因为才睡醒没多久，大家都没有困意，所以三个人依旧围坐在餐桌旁。村长向白泽说出最新的进展，"警方说，他们已经在冒雨清理落石了。最快的话，应该在后天就能抵达我们这里。"

"太好了！"白泽嘴上这么说，但是心里却在想，现在凶

匿 身

手应该也了解现状。所以他无论是去杀李思或者是杀自己当替罪羊,应该都会在后天之前行动。因此,这一天多的时间是最危险的阶段,也可以说是黎明前的黑暗。

不知不觉,时间到了深夜。村长毕竟年纪大了,有点熬不住了,他打了一个哈欠。陈瑜见状体贴地说:"时间不早了,我们去休息吧。"

临上楼之前,村长特意走出院门,来到村口,叮嘱木栅栏的值夜人员打起精神,然后返回老祖宗的房间,吩咐住在里屋的夏菁和外屋的李思都反锁好门,才带着白泽和陈瑜上楼。

白泽故意走在后面,拉住陈瑜,快速地在他耳边说了几句话。

来到二楼,女孩的房间还亮着灯。村长忍不住感慨还是年轻人有精神,白泽则强忍住去偷窥的欲望。

和前一晚一样,陈瑜照例在楼梯口放了几张椅子,敞开房间的大门,接着大家就关灯睡觉了。隔壁若隐若现传来女孩们的谈话声,不由得让白泽百爪挠心。不一会儿,声音逐渐消失了,女孩们相继睡去。

凌晨两点,是人类睡眠最深的时间。正是因为如此,这个

时间也是发生各种犯罪的最高峰。

凌晨两点的夜色也是一天之中最黑暗的，加上几天来堆积起来的乌云，村道上伸手不见五指。在村口值守的三个村民，虽然白天已经进行了充足的睡眠，但是在这种夜深人静的时刻，还是不禁泛起了困意。他们看了看面前的木栅栏，高大而又坚固。没有人能够毫无声响地越过它，无论是从外面进来，还是从村里出去。

正是因为抱着这种想法，加上不断袭来的困意，三个村民各自依靠着墙壁睡着了。不一会儿，鼾声此起彼伏。

在鼾声响起的同时，从村子深处的阴影之下，一个黑影钻了出来。他先定睛看了看不远处的值夜人，确认三个人都已经睡着后，他才轻手轻脚向着老祖宗家的院门移动过来。

大门是从里面闩上的，来者显然知道这一点，所以他并没有推门。而是借助门旁的台阶一下子翻上了院墙，从他轻车熟路的动作来看，这堵墙他应该跳过很多次了。

老祖宗的房门紧闭着，夏菁陪着老祖宗睡在里屋，李思则在外屋睡得正香。在李思的床脚下，小黑蜷缩成一团。

当黑影跳入院内的一瞬间，小黑察觉到了这微弱的响声，它机警地抬起了头，鼻翼不断地抖动着。片刻后，它又再次低了头,重新睡去。

黑影站在院内,辨认了一下方向,然后径直朝楼梯走去。来到二楼,他发现有几张椅子横在楼梯口。于是他伸出手,轻手轻脚地拿下了其中一张椅子,从露出的缝隙中侧身穿过,来到了白泽房间的门口。

虽然室内比外面还要黑暗很多,但是这个黑影一路走来,眼睛早已经适应了黑暗。他简单扫视一下,就看清了室内的三个人。

村长睡在唯一的一张单人床上,地上铺着一张竹席,上面睡着两个男人。因为现在已经是这群外来客来到村子的第五天,之前淋湿的衣服早已经干了,所以他们现在穿的都是便装。黑影通过衣服判断,睡在外面的这个人就是他的目标。

在确认好目标后,黑影从怀中摸出了一把刀。这把刀虽然刀身光滑,但是因为周遭缺少光源,刀身并没有像恐怖电影中那样泛着寒光,而是和黑夜融为了一体。

黑影再次确认了一下目标,反握着刀猛地向下刺去!

4

漆黑的夜,漆黑的房间,漆黑的人影,漆黑的凶器……一

秒前世界还被无尽的黑色笼罩,一秒钟后却亮如白昼。

面对这突如其来的变化,黑影惊呆了,刺下的刀也悬在了半空。与此同时,睡在竹席里面的人忽然起身,以迅雷不及掩耳之势夺下了来者手中的凶器。

这时,黑影才看清,原来睡在竹席外侧的人形,不过是一条套着白泽衣服的棉被。

"怎么是你?"睡在床上的村长不知什么时候已经坐了起来,看到黑影的脸,显得很吃惊。

"怎么样,我说得没错吧,我就知道今晚会有人来杀我。"这时,白泽从门口出声说道。他的手还放在日光灯的开关上。

"你!"听到白泽的声音,黑影显得很激动,转过身来,双手掐向白泽的脖子,"我要杀了你!"

看到黑影面容的一瞬间,白泽一阵愕然。他还来不及细想,脖子就已经被对方掐住,脸瞬间涨成紫色。陈瑜冲过去想要拉开对方,但是被对方一脚踢中肚子,倒退了几步,摔在地上。白泽的脸色越来越难看,双手无助地乱抓。

就在这万分危急的时刻,隔壁的房门"砰"的一声被推开,接着一个白色的身影飞奔出来。白影一脚踢在袭击者的肋部。虽然白影是个女性,但是带着惯性的这一脚却势大力沉,

匿 身

袭击者闷哼了一声轰然倒地，掐住白泽的双手也随即松开。

袭击者的身材非常健壮，欣欣偷袭得逞后，他愤怒地起身，准备再次扑向白泽。这时，村长的声音在屋子中炸开了："乌旺，你还不住手！"

听到村长的怒吼，又看了看站在四周的几个人，袭击者也清楚这次他是杀不成白泽了，只得懊恼地低下了头。

"没想到凶手居然是他！"跟随着欣欣冲出来的羽羽见来者居然是大舅的儿子乌旺，惊讶地说。

"他怎么会是凶手？他为什么要杀死自己的爸爸？"众人也觉得不可思议。

"你……你们……都……弄错了……"白泽经过了短暂的恢复，终于能开口说话了。他揉着脖子断断续续地说，"他……他不是凶手。"

"你是不是被吓傻啦？他都快把你掐死了，你还说他不是凶手！"羽羽觉得白泽要么是傻了要么是疯了。

"我不是说他不是想杀我的凶手，是说他不是之前三起案件的凶手。"白泽的话好像绕口令，让羽羽更加迷糊了。

"他的意思是，乌旺不是之前三起案件的凶手，他这次来杀白泽只不过是为了要给他爸爸报仇。"最后，还是欣欣替白

泽解释清楚。

这下，大家终于明白了。

"乌旺，不管你相不相信，我不是杀死你爸爸的凶手。"白泽冲着怒视着自己的乌旺说，"你再给我点时间，我一定会帮你找出凶手的。"

乌旺虽然愤怒，但是他并没有完全失去理智。他看白泽到此时此刻还在帮他证明不是前几起案件的凶手。因此，对白泽是凶手这件事也有了一丝怀疑。

"好了。幸亏白先生这次有所准备，才没有铸成大错。不管谁是凶手，都不需要你来报仇，法律会帮你制裁他的。"村长拍了拍乌旺的肩膀，"好了，你先回家吧。你妈妈还一个人在家呢。"

乌旺听到村长的话，也觉得自己这次实在太冲动了，同时想到母亲一个人在家，所以打算听从村长的吩咐马上回家。

"等等……"

乌旺刚走到楼梯口的时候，忽然被白泽叫住了，他不明所以地回过头。

"临走时，我还有个问题要问你，是谁告诉你我是杀死大舅的凶手的？"

听到白泽的问题,乌旺犹豫了一下,不知道该不该回答。这时,从楼下传来了一个声音:"是我告诉他的!"

5

伴随着这句话,李思从楼梯走了上来,后面还跟着夏菁。乌旺看李思抢先回答了白泽的问题,顿时如释重负,他向李思点了下头,就逃也似的离开了老祖宗家。

"你为什么要对乌旺说这些?"村长有些责怪地说。

"我又不是故意说的。是昨晚我回家取东西时,正好碰到了他。他向我打听他爸爸遇害的经过,我才告诉他的。"李思不以为然地回答。

"然后,你就说我是杀死他爸爸的犯人,想借他的手杀了我?"白泽生气地问。

"我为什么要那么做?我虽然讨厌你,但是还没到想杀死你的地步,你别自作多情了。"李思嘲讽道。

"因为你才是这三起命案真正的凶手。"白泽反击道。

"证据呢?就因为另外两起案件的被害人都死了,只有我还活着,就说我是凶手?"李思毫不慌张地应对。

"当然不仅仅是如此。我之前曾经说过，前两起案件中，你的嫌疑最大，因为只有你才有机会实施这两起犯罪。"白泽继续据理力争。

"先不说第二起案件中，你们寻找我时，我藏在哪里。就说第三起案件，案发时我还在昏迷中，我是怎么跑去杀死大舅的？"李思的每一次反击都很犀利。

"你也说过了，也许是凶手设置了什么可以远程杀人的机关。"

"这么说，你发现这个机关了？"

"那还没有。"

"既然你什么都没发现，那所谓的机关说也不过是个假设。但是，案发现场你嫌疑最大却是不争的事实。"

不得不承认，李思的思维很敏捷，口才也很好，与白泽一来一往的唇枪舌剑之中，很快就占据了上风，把原本能言善辩的白泽逼得无话可说。

"好了好了……"最后，还是村长出来当和事佬，"大家对白先生的怀疑，我已经和他讲清楚了。他也同意我和陈瑜二十四小时监视他，直到警察来。所以，你也不要再针对他了。"

匿 身

听了村长的话，李思"哼"了一声，就不再说话。白泽终于有机会可以缓一口气。

"既然没事了，大家都回去睡觉吧。"村长一声令下，众人再次返回了各自的房间。

"村长，乌旺不会再来了吧。"白泽揉着脖子上的勒痕，心有余悸地问。

"放心吧。事情闹这么大，他不会再来了。再说，你当着大家的面帮他说话，他虽然鲁莽但是并不是没脑子，他也应该知道你不是坏人。"

听了村长的话，白泽还是有些不放心。乌旺的出现在他预料之外，他本来以为凶手会在今晚来杀他灭口，没想到却半路杀出个程咬金。现在，乌旺的事情已经解决了，白泽也知道乌旺不会再来袭击自己。别人应该也都是这么想的，因为他们觉得发生了乌旺被抓这件事，真凶应该不敢再来了。所以，现在正是大家最放松警惕的时刻。如果真凶洞悉了大家的想法，反其道行之，在大家以为最安全的时间再次出来行凶……

想到这，白泽把自己的想法说了出来，希望陈瑜再配合他来一次瓮中捉鳖。

"那这一次你当诱饵吧，我来控制电灯开关。"陈瑜有点

184

不满地说,"刚才的情况多么危险,乌旺的刀差一点就刺中我了。"

"我不是说了,凶手在行凶的时候,灯突然亮了,他肯定会受到惊吓而停手。事实也证明我的理论是对的。再说,你睡在里面,当诱饵的假人在外面,你怕什么?而且,控制电灯开关的时机是个技术活,我怕你掌握不好。"

"就算诱饵是假人,躺在它旁边也太危险了,万一凶手刺偏了呢?你让我配合你再设一次陷阱可以,但是这次只能你睡在竹席上。"陈瑜还是不肯妥协。

"陈兄,你就帮帮我吧。"白泽哀求道。

"不行……"

"陈兄,拜托了……"

"我说了,不行!"

第十一章

红鲱鱼

匿 身

1

当阳光照入房间的一瞬间,女孩们欢呼雀跃起来。

雨,终于停了。

乌云,也跑得无影无踪。

久违的太阳高挂在头顶,发射出万道光芒。

哀求了陈瑜一整晚的白泽不知道是什么时候睡着的,陈瑜也疲惫不堪地陷入沉睡中。村长毕竟年纪大了,觉比较少,所以还是在清晨准时醒来。

女孩们没有打扰陈瑜和白泽,她们搀扶着村长来到一楼。李思和夏菁已经在准备早餐了。

"天终于晴了。"夏菁看到几个女孩,高兴地说。

"是啊,警察也快来了,我们终于不用再担惊受怕了。"羽

羽回答说。

"你们先吃饭吧,我回家去打一个电话,问问道路清理的情况。"村长说着,朝大门走去。

"你一个人不会有危险吗?要不我们陪你去吧。"夏菁担心地说。

村长笑了笑,然后抬头望着天空说:"在这朗朗晴空之下,我想凶手应该也不敢露头了吧。"

"那您快点回来,饭马上就好了。"

"好。"

众人目送着村长离开,开始摆放碗筷,准备开饭。

睡梦中的白泽翻了一个身,嘴里喃喃着。在梦中,他还在思考着案件,而且因为是在梦中,所以思维不再受时间和空间的束缚,反而想到了很多之前没有考虑到的事情。

睡梦中的他,紧闭的眼皮之下,眼球正在剧烈的晃动。这代表他在梦中高度兴奋,看来困扰着他的问题已经迎刃而解了。

"没想到事情的真相居然是这样……"梦中的白泽自言自语道。

"我早点想到这一点就好了,可惜,现在是在梦中。"即便身处梦中,白泽还是清楚知道这并非是现实。

"不行,我必须早点醒过来!"白泽试图活动下自己的手指,唤醒自己。但是任凭他如何挣扎,都好像一个植物人一样,身体动不得分毫。

"哪怕动一下也好……"白泽知道陈瑜就睡在他的身边,只要他能够轻轻碰触一下对方,对方一定会被他惊醒,然后察觉到异样把自己叫醒。想到这,白泽继续挣扎着。

就在大家把一盘盘菜肴端上饭桌的时候,村长回来了。

"怎么样?"大家围过来问道。

"警方说,现在落石已经完全停止了,清障工作进行得很顺利,他们明天早上应该就能抵达我们村了。"村长回答道。

"太好了,我们终于可以离开这了。"羽羽兴奋得跳了起来,但是旋即又落寞了下来,"在这里待了一星期,虽说发生了很多不愉快的事,但是忽然要走了,还真有点舍不得。"

"你们暂时还是走不了的。"李思忽然泼起冷水来。

"为什么?"羽羽不解地问。

"就算明天警方到了,既要询问我们这些当事人,又要勘

查现场、取证，这些程序起码要持续一两天，所以你们暂时走不了。"

听完李思的话，众人都陷入了沉默。直到最后，这沉寂被楼上白泽的一声惊叫打破！

2

"怎么了？"

大家以为又发生了什么案件，大惊失色地就往楼上跑，结果在楼梯上和迎面下来的白泽撞到了一起。

"发生什么事了？"大家顾不得扶起摔倒的白泽，着急地问道。

"没事，没事，大家不要紧张。白泽老弟做噩梦了而已。"这时，走在白泽后面的陈瑜笑着向大家解释。

"切，这么大人还怕做噩梦，害得我们虚惊一场。"羽羽做了一个鄙视的手势。

"其实……"白泽的话说到一半又咽了回去，他不知道该如何向大家解释那种好不容易梦醒但是却把梦中得到的答案忘得一干二净的窘事。

匿 身

"没事就好,我们吃饭吧。"村长招呼大家过来吃饭。

不知道是不是因为阴沉了一周,终于阳光明媚的缘故,饭桌上的气氛也要比前几天好很多。大家似乎都走出了案件的阴影,有说有笑了起来。

换作平时,白泽一定迫不及待地加入女孩们的话题中,趁机套近乎。但是此刻他却没有这个兴致。他机械地把饭和菜送入嘴里,脑子却在高速运转,想要回想起梦中的答案。

其实,他也并不能完全确定自己在梦中是否找出了案件的真相,只不过在醒来后有一个恍惚的印象。

"对了,白先生。我刚才又和警方通了电话。他们说明天就可以过来了。"村长见白泽一反常态一直不说话,连忙和他搭话。

"哦……"白泽头也没抬地敷衍了一声,继续他的思考,忽然,他的眼睛一亮,"电话!"

众人被白泽突如其来的声音吓了一跳。羽羽小声地嘀咕道:"他今天起床后就不太对劲,该不是受到我们的怀疑,心理崩溃,疯了吧。"

"我没疯。"白泽还是很在意自己在女孩们心中的形象,连

192

忙争辩道，"我发现了一个至关重要的新线索，这条线索之前完全被我们忽略了。"

"什么线索？"大家异口同声地问。

"电话！"白泽再次复述了一遍刚才嚷出的那个词。

"电话？"众人也异口同声地复述了一遍。

"没错。刚才村长说他去打了电话，这才提醒了我。在村子里，手机没有信号，通讯只能用座机，而这个村子里的座机只有一部，就是村长家的那一部。"

"是啊，这怎么了？"村长也有点迷糊了。

"我们之前的分析，一直认为凶手有共犯。"白泽说出了刚才的发现，"第一起案件，凶手需要共犯帮助他运送萨克医生的尸块去祭祀广场。在第二起案件中，凶手需要让共犯伪装成李思的样子出现在西峡谷。但是这两起案件的时间跨度是好几天，这段时间，凶手是怎么和共犯联系的？"

"第一起案件发生在夜里，应该是凶手和共犯一起实施的杀人并分尸，分尸完毕，共犯负责运送尸块。而第二起案件，也许是他们事先约定好了时间、地点，然后让对方等在西峡谷。"欣欣说出了自己的看法。

匿 身

"第一起案件,按你的说法是可行的。但是第二起案件,不确定的因素实在是太多了,凶手怎么能预知我们什么时候发现李思失踪,又什么时候去祭祀广场查找,然后在那目击到共犯伪装成的假李思?总不能让共犯一直等在那里吧?"

听完白泽的分析,大家总算明白了这个问题的重要性。

"难道是凶手偷偷用村长家的电话通知对方的?"羽羽问。

"怎么可能。要知道这附近手机都是没有信号的,共犯的身上总不会背着一台座机吧。"白泽对羽羽的猜测给予了否定。

"也许,共犯运送完医生的尸块后,就回到了公路那边,找个有信号的地方等着凶手打电话通知他下一步的行动。"羽羽还是不甘心,继续猜测道。

"那更不可能。我们被落石堵住的地方,是离这个村子最近的公路,那里都没有信号。共犯只能去更远的地方,但是从公路到西峡谷,起码要走几个小时,就算他等到了电话,也不一定能来得及出现在那。"白泽说到这,看了村长一眼,"更何况,那段时间,村长一直在家里。凶手是怎么躲开村长去打电话的?除非村长就是那个凶手!"

3

"我？我怎么可能是凶手。"村长显然没想到白泽会再次把矛头指向他，紧张地反驳道。

"就如同我之前所说，这三起案件的间隔有四五天，即便事先制定了完整的计划，但这期间充满太多不确定因素，所以凶手和共犯之间一定要频繁联系，这样才能保证每一个环节都能够顺利进行。"白泽直视着村长的眼睛，希望可以从中看出一些蛛丝马迹，"而在村子附近，手机根本没有信号，唯一可以和外界联系的座机就在你家里。如果凶手不是你，他是怎么在你眼皮底下使用电话的？除非，你也是凶手的共犯。"

"村长年纪那么大了，怎么可能是凶手呢。"这时，夏菁站出来替村长争辩。

"这三起案件，因为有共犯存在，所以年纪大并不会成为凶手行凶的障碍。相反，这反而是一个最好的障眼法，可以用来迷惑大家。"白泽继续他的推理，"更何况，当初村长还想要杀我灭口，这就是最关键的证据！"

"白先生，之前的事我不是解释了吗，我是怕你出意外才去你房间里看你的。"村长没想到白泽还对当初那件事耿耿于怀，连忙又解释了一遍。

"反正不管如何，现在种种证据表明，你的嫌疑最大。"白泽斩钉截铁地说。

"其实，有一个方法可以查证村长是不是凶手。"这时，一直没有开口的欣欣说话了。

"什么方法？"大家一起问道。

"通话记录！"

十分钟后，大家聚集在村长的家里。因为村长是嫌疑人，所以这次的电话由欣欣负责。

欣欣来到电话旁，看了眼大家，然后按下了110。

报警电话很快被转到了专案组，在听完情况说明后，警方破例同意向他们提供通话记录。

"看看，我说得没错吧。只要我们说这边发现了嫌疑人，急需通话记录来查证，对方一定会同意的。"白泽得意洋洋地为自己邀功。

"你好，刚刚经过我们的技术部门查询，已经掌握了该来电号码最近一周的通话记录。时间分别是……"

然而，通过免提传来的通话记录，却让刚刚飘到半空的白泽再次跌落到深渊。通话记录显示，这部座机最近一周内，除了和警方的几次通话外，再没有拨打过任何电话。

"好的，通话记录我们已经了解。我们这边会控制住嫌疑人，也请你们尽快前来侦查。"虽然结果让欣欣也很意外，但她还是委婉地和警方交流了一下后才挂断电话。

"怎么样，我就说我不是凶手吧。"村长沉冤得雪，他埋怨白泽道。

然而，此刻白泽已经没有心思去理会其他的事情，因为从通话记录上已经可以证实他之前的推理是完全错误的。不管凶手是村长还是另有其人，他都没有使用电话和共犯联系。那么，他们到底是使用的什么方法进行联系呢？

4

大家已经不知道这是第几次往返在村长家和老祖宗家的路上，只知道这条路，他们每天都要走上好几次。

村长家和老祖宗家一个在村口一个在村子最里面，每次一来一回，就等于把这个只有一条主路的村子游览了一遍。

匿 身

虽然现在天色已经放晴，但是每家每户的大门依然紧闭着。村民们都遵守着村长的嘱咐，在警察到来前，不轻易外出。其实在这样的村子里，平时如果没有什么工作和集体活动，村民们也基本都是一整天待在家里。

路过夏菁家被烧毁的花楼时，大家都刻意别过头去，不愿意回想起那恐怖的夜晚。白泽却一直紧盯着花楼的残骸，他想上去查看下有没有远程杀人机关的线索，但是烧焦的花楼随时有崩塌的危险，所以这个想法只在他脑海里盘旋了一下，就马上消失了。

接着，众人又依次路过了李思、萨克医生和大舅家，每一家都大门紧闭。看着这些熟悉的房子，每个人的情绪都不尽相同，有人悲伤、有人哀怨、有人愤怒、有人担忧……

"好了，村长的嫌疑已经被洗清。现在案件又回到了原点，嫌疑人依然还是你。"刚一到老祖宗家，李思就率先向白泽发难。因为刚刚还被白泽指控为凶手，所以村长这次没有出言劝阻。

"就算我是凶手，我也没办法和共犯联系啊。"白泽还在为这件事困扰。

"只要你想和你的同伙联系,总归还是有办法的。例如信鸽啊、烽火啊、弹弓传书什么的。"李思忽然间脑洞大开,不知道是在开玩笑还是真是这样想的。

"你是不是古装电视剧看多了?"白泽想不出太好的反驳词汇,只好胡搅蛮缠地奚落道。

"对了,也可能是通过摩斯密码来联系。"羽羽想起在一本小说中看到的情节,不禁脱口而出。

"喂喂,你到底站在哪头?"白泽拉长着脸说道。

"我也没说凶手是你。我就是说凶手也许是利用摩斯密码之类的暗号来和同伙联系的。如果是用手电的灯光来传递暗号,即使在西峡谷也能看到……"羽羽好不容易想出一种可能,所以越说越兴奋。

"如果真的是摩斯密码的话,那凶手只能是你们这些外来人。因为我们这些村民,平时出村的机会都很少,有的人就连普通话都说不好,更不用说什么摩斯密码了。"李思冷笑着说。

"别人不会,不代表你也不会啊。你可是大学生,而且很喜欢推理小说,所以我想你应该懂摩斯密码吧。"白泽现在几乎可以断定李思就是凶手了,但是还缺少至关重要的证据,所

以他一直在向李思挑衅，希望能让对方露出破绽。

"没错。我的确懂得摩斯密码。但是，在第三起案件发生的时候，我有完美的不在场证明啊。而你的嫌疑却是最大的。"李思的辩驳再次占据了上风。

"说来说去，还是拿你的不在场证明当挡箭牌。我现在就去花楼，一定要把你设置的机关找出来。"白泽实在忍不住了，站起身来朝着大门走去。

"你现在去花楼，我可提醒你要小心哦，因为那里随时可能会塌……"望着白泽远去的背影，李思还不忘再丢下一枚炸弹。而这，也正是白泽最顾忌的一点。

5

从老祖宗家走到夏菁家的这几分钟里，白泽胸中的怒火很快就自行熄灭了，望着被火熏得漆黑的花楼，还有那摇摇欲坠的外墙，他现在心中更多的是后悔。

白泽后悔自己这么冲动，中了李思的激将法。他说了要来调查花楼，但是花楼的危险他也是知道的，如今已然是骑虎难下。

要不我就在这待一会儿，然后回去告诉大家说没有发现吧。白泽想了一下，拿定了主意。找不到线索总比被砸死强吧，他在心中开脱自己。

"你怎么还不上去？"这时，一个甜美的声音从身后传来。

白泽回过头去，发现是欣欣和羽羽，后面还有陈瑜和叶潇。

"你……你们怎么来了？"白泽心中暗叫不好。来了这么多人，自己如果因为胆怯不敢上楼，那就丢人丢到家了。

"我们怕你一个人有危险，来帮帮你。"欣欣看穿了白泽的想法，笑着说。

几个人找来绳子，分别绑在白泽和欣欣的腰间，另一端绑在二楼没有被火烧过的楼梯口的柱子上。陈瑜拉着白泽的绳子，叶潇和羽羽拉着欣欣的绳子。做好了双重保险，白泽和欣欣这才一步步地向着花楼的大门走去。

绳子是为了防止花楼突然坍塌的保险绳，不管是地板塌陷还是天棚崩塌，后面的人都可以第一时间把进入花楼的人拉出来，虽然不能做到万无一失，但这已经是现有条件下能想到的最佳方法了。

匿 身

欣欣体重比较轻，所以走在前面。这是她自己提议的，白泽毫不犹豫就同意了，毕竟比起美女的好感，还是自己的命更重要。

这是两个人在大火后第一次进入花楼，屋内已经被焚烧殆尽，只剩下两根漆黑的柱子支撑着天棚。脚下的地板也已经烧焦变形，两个人尽量避开烧焦的部分，一点点缓步前行。

平时只需要几秒就能到的距离，两个人足足走了几分钟，才来到已经变形的花楼窗户前。他们向外看了看，映入眼帘的是窗外的小巷，尽管现在外面已经是一片光明，但是小巷依旧笼罩在暗影之中。

窗户四周和白泽记忆中一样，没有任何家具，所以如果有远程杀人的机关，应该是安装在窗户四周的墙壁上。两人对着焦黑的墙壁查看了好久，没有发现丝毫异常。接着，两人又看了看天花板和地板。天花板因为距离很高，所以没怎么被烧焦，窗口的地板是被烧毁最严重的，因为起火时，大舅正好站在这里。

两人用手电四下查看了好一阵子，没发现任何线索。无奈之下，便决定离开。就在他们转身的时候，忽然一点炫目的光芒闪进了白泽的眼中，他下意识地闭上了眼睛。

起初，白泽以为那是射入室内的阳光，但是在仔细辨认之后，他发现阳光的角度并不能直射到自己，但是自己刚才的确被什么东西晃了一下，这说明在窗户附近有可以反光的东西。想到这，白泽忽然兴奋起来，开始仔细寻找。

在头部和眼睛变换了几个角度后，那缕耀眼的光芒终于再次出现。虽然光源只有针眼大小，但是只要角度正确，就会变得无比的炫目。

白泽壮着胆子，踩着烧焦的地板来到了窗前，举头凝视刚才发现光源的方位，在看清发光体真面目的时候，他不由惊呆了。

那是一截比发丝还要纤细的黑色金属丝线，正在太阳光的照射下，散发着熠熠的光芒……

第十二章

真 相

匿 身

1

白泽费了半天劲才把这截金属线从棚顶取下，如获至宝地跑回了老祖宗家。

"怎么样？有什么发现吗？神探。"看到白泽回来，李思还不忘嘲讽。

白泽没有理会李思的挑衅，他现在掌握了重要的线索，暂时还不打算和盘托出，于是跑回到二楼的房间，关上门仔细研究起这截金属线来。

这是一根比头发还要纤细的金属丝线，大概三厘米长，材质不明，外表呈黑色，肉眼很难辨别。金属线在棚顶取下的时候，两端都有熔断的痕迹，看来原本应该要更长，但是被火烧断了。因为这截金属线是固定在天棚的木板上，所以才没被火

焰熔化。

这样一根金属线，出现在火灾现场，肯定不是偶然，白泽几乎可以断定它和凶手设计的远程杀人机关有关，但是具体是怎样的机关，他还没有头绪。

"怎么样？有什么发现吗？"楼下再次传来李思的问话声，看来是欣欣他们回来了。

"没什么发现，花楼摇摇欲坠，实在太危险了，我们都没敢上去。"按照白泽的吩咐，欣欣隐瞒了这次的发现。

看到李思这么紧张他们有没有发现线索，白泽更加断定他就是凶手。现在只需要破解远程杀人机关之谜，他就再没有狡辩的机会了。

想到这，白泽再次反复端详起这截金属线。这么细的金属线，能够制造什么样的机关呢？白泽在心中反复思考着……

莫非，凶手用金属线捆绑了某种可燃物品，大舅不小心触及金属线，导致可燃物点燃了他？不对，他清楚地记得火焰是从大舅的脚底开始燃烧的。而且大舅自燃的时候，他的周围并没有什么疑似可燃物品的东西。

又或者，金属丝线一直连到地板上，大舅踩上去就触发了

匿 身

某种机关？不过，大舅之前，欣欣和自己也曾经站到过大舅自燃的那块地板上，并没有什么异常发生，为什么偏偏大舅会触发机关呢？

就这样，白泽不断地假设，又不断地自我推翻，他设想了十几种可能，但是都与现场的状况不符。

不管凶手是不是李思，他一定在大家进入花楼之前就设定了机关。那么，采取了同样行动的欣欣和自己，为什么没有触发机关，反倒是最后一个来到窗口的大舅被烧死了？

难道，是延迟机关？也就是说，最开始的欣欣已经触发了机关，但是杀人装置在一段时间后才会启动？不对，万一当时花楼上没有那么多人，只有一个人，这个人在触发机关后就离开了，那这个机关不就不会杀死任何人了吗？凶手的机关应该设计得非常精准，以确保肯定可以杀死人。事实确实如此，当大舅来到窗口的时候，他瞬间就自燃了。所以，这应该不是延迟机关。

另外，关于死者。凶手应该不是无差别杀人。本案的三个被害人，都是村里的居民，我们这些外来者是偶然来到村子里借宿的，凶手不可能掌控我们的行踪。所以，他想杀的人应该都是村里的人，而我们这些外来者不过是他行凶的一个契机，

也是可以嫁祸的替罪羊。

所以说,凶手想杀的人,一直都是大舅,机关也是针对大舅设计的。但是他为什么能预测到大舅会出现在花楼上并且触发机关呢?

本来白泽以为发现了新的线索,所有的难题都能迎刃而解,但是没想到问题反而越来越复杂起来……

2

"怎么样?有什么发现吗?"

推门而入的欣欣吓了白泽一跳。看到欣欣的到来,白泽非常高兴,这并不是因为有美女主动来找他,而是他认为欣欣的推理能力可以帮助他更快地找出真相。

白泽把先前自己的设想都和欣欣说了一遍,欣欣闻听后,也陷入了沉思:"确实,为什么采取了同样行动的我们没有触发机关,而在我们之后来到窗前的大舅却被烧死了呢?"

"没错,我们三个做了同样的事,但是前两个人没事,反倒是最后一个人被烧死了。我实在想不到什么样的高科技机关会有这样的识别功能。"白泽被困在这个死胡同里很久了,有些丧气。

"我们三个之间有什么不同点吗?也许这是触发机关的关键。"欣欣突发灵感。

"不同点?性别?你是女的,但是我和大舅都是男的啊,为什么我没事?"好色的白泽第一个想到的就是性别,"或者是体重?美女,你多少斤?"

"这……"欣欣对体重问题很敏感,犹豫了一下,最后还是开口回答,"一百一十斤。"

"啊,那可真没看出来,我看你蛮苗条的,还以为你不到一百斤。俗话说,美女不过百。"白泽又恢复成了往日讨人厌的模样。

"不是平胸就是矮。"欣欣小声地接道。

"你说什么?"白泽没有听清。

"没什么……"欣欣懒得理他。

"说嘛……"白泽又发挥起他不要脸的本事,开始软磨硬泡起来。

"我说美女不过百,不是平胸就是矮。"欣欣实在不愿意和他纠缠下去,无奈地回答。

"哦哦……"白泽这才知道，原来这句话后面还有半句。

"不是平胸就是矮，不是平胸就是矮……"白泽一边嘟囔着，一边上下打量着身材凹凸有致的欣欣，心中忍不住感慨，她确实不矮，更不平胸。

"喂喂……"欣欣见状，连忙挥手打断白泽猥琐的目光，"你还想不想讨论问题了。"

"想想……"白泽连忙回过神来，"你的体重是一百一十斤，我的体重是一百五十斤，大舅身材比我要健壮很多，所以应该要比我重吧。莫非，那个机关是带有重力感应的？"

"重力感应？"欣欣复述了一遍这个词，又看了看白泽，毫不客气地说，"大舅身上都是肌肉，而你身上都是肥肉……"

"哪有？我也是有肌肉的。"白泽说着，弯起了手臂，但是显现出来的只有白花花的赘肉。

"既然不是体重。那就只能是身高了。"欣欣接着说道。

听到这，白泽眼前一亮："没错，我们三个最大的差别就是身高。我一米七，你身高应该和我差不多吧。"

"我没有一米七，只有一米六五，你和我差不多倒是真的，你应该也是一米六五左右。"欣欣一眼就看破了白泽的谎言。

匿 身

白泽只好缴枪投降:"好吧,就算我俩都一米六五。但是大舅可比我们都要高上很多,我看起码有一米八。"

"差不多吧。我们这些人中,你、我、羽羽还有夏菁都是一米六五左右,叶潇和林芸都不到一米六,陈瑜和李思都是一米七多一点。大舅明显比他们俩要高出半头,差不多有一米八五的样子。"欣欣平时非常喜欢时装搭配,对于人的身高看得很准。

"如此说来,烧死大舅的远程杀人机关,应该就是在身高上做文章了。"这时,白泽回想起这截金属丝就是在天棚上发现的,他瞬间明白了一切,嘴角露出了胜利者的微笑。

3

"我现在急需查证几件事,你能不能跟我出去一趟。"白泽忽然神秘兮兮地对欣欣说。

"去哪?"欣欣有点紧张,以为白泽在找借口约她。

"去花楼,还有大舅家。"白泽兴奋地说,"而且,我们要偷偷地去调查,不能对外声张。"

最后,欣欣和白泽真的好像单独约会一样,偷偷溜出了老祖宗家。白泽先来到花楼,这一次他出奇地勇敢,居然独自爬到了窗口,对着已经烧焦的地板又摸又闻,反复检查了好几遍,直到最后露出了满意的笑容。

接下来,两个人又敲开了大舅家的大门。乌旺见到白泽,一脸惊讶。白泽怕对方再对他出手,所以躲在欣欣身后,由欣欣说出了此行的目的。

在得知她们想要查看大舅尸体的提议后,乌旺犹豫了许久,但最后还是答应了。他也想尽快找出杀死他爸爸的凶手。

乌旺的母亲因为心神疲惫,已经卧床一天了。大舅的尸体则停放在客厅里。来到客厅,望着盖着白布的尸体,白泽犹豫了再三,最后还是下定决心走了过去。

"怎么样?有什么发现?"离开大舅家后,欣欣问白泽。

"果然和我之前推理的一样,大舅是被远程机关杀死的。而且,这个机关我已经破解了。"

听到白泽的话,欣欣连忙追问道:"什么机关?"

"现在还不能说,等我解开另外两个谜团,再一起向大家公布。"白泽说完,就大踏步地向着村子深处走去。

匿 身

"你又要去哪?"欣欣从来没见过白泽如此坚毅的表情,有点不太适应。

"去祭祀广场!"白泽头也不回地说。

"啊?你不害怕尸体了?"欣欣忽然觉得眼前的白泽很陌生。

"尸体?啊!我太兴奋了,忘了这茬。"白泽终于又恢复成了往日那个懦弱胆小的样子,紧张之余,脚步也随之停了下来。不一会儿,他抬头看了看天空,说,"在这种光天化日之下,我想尸体应该也没什么可怕的。更何况,身边还有你这个美女陪着我……"

看着恢复原形的白泽,欣欣不禁怀疑刚才见到的那个认真果敢的白泽是错觉。

"你去祭祀广场不是查看尸体,那是去调查什么?"欣欣忽然想起这个问题。

"这个……到那你就知道了。"白泽卖关子时的微笑,让他显得更加猥琐了。

沿着石阶而上,两个人很快来到了祭祀广场。盖着塑料布的尸块依旧堆放在广场中间,白泽本来极力想要避开它,但是不知道为何,突然盯着那隆起的塑料布愣起了神。

"你不是说不是来查看尸体的吗？怎么还一直盯着看？"欣欣觉得白泽的行为很奇怪。

"我确实不是来查看尸体的，但是无意中又解开了一个谜团，哈哈哈，看来我真是个神探！"望着白泽反常的样子，欣欣觉得他可能真的疯了。

白泽得意洋洋地傻笑了一会儿，才来到了本次调查的目标——消防水管——前面。他蹲下仔细打量了一下消防喷头和水泵，转身问欣欣："美女，你会操作这个吗？"

"你说水泵？"欣欣想了一下，"我看陈瑜操作过一遍，看起来好像挺简单的。不过你弄它干什么？"

"这你就先别管了，你帮我把水泵打开。我有个想法要证实一下。"

欣欣虽然不明白白泽的目的，但心想既然和破案有关，就蹲下身子打开了水泵和发电机。白泽等水泵和发电机都开始工作后，俯身拿起地上连接着水管的高压喷头，打开了开关。下一秒，一股强烈的水流从喷头中激射而出，白泽还没做好准备，差点被强大的冲击力推倒，他摇晃了几下身子，总算握紧了手中的喷头。

"喂喂，你干什么？"欣欣被突如其来的水流喷了个透心凉,她生气地大叫。

望着欣欣衣服浸湿后贴在身上尽显的玲珑曲线,白泽瞪大了双眼。没想到在解开第二个谜团的同时还有这样的福利当奖品,实在让他大感意外。

4

"我回去换衣服了!"欣欣看到白泽好像要钻进自己肉里的猥琐目光,生气地转身离开。

"等等我……"白泽知道这种给眼睛吃冰淇淋的机会不会再有第二次,连忙紧随其后。

毕竟欣欣是练过跆拳道的,身体素质比肥胖的白泽要好上太多。所以,当白泽追到村长家门口的时候,欣欣已经不见了踪影。无奈之下,白泽只好放缓了脚步。说实话,他也实在跑不动了。平时缺乏运动的他,跑步的极限就是二十米。

"第三起案件的远程杀人机关已经破解。第二起案件消失足迹的诡计也已经解开了。现在就剩下第一起案件了,不过说实话,第一起案件真的没什么谜团,解不开也不妨碍找出真凶。"白泽一边思考着案件一边回到了老祖宗家。

白泽刚一走进院子，就看到羽羽迎面走了过来，没等他反应过来，对方就重重的一脚踢在他的肚子上，疼得他立刻龇牙咧嘴地蹲在了地上。

"美女，你这是干什么？"白泽疼得满头大汗。

"说，你把我姐姐怎么了？"原来是羽羽看到欣欣慌慌张张地跑了回来，以为白泽对她做了什么。她们姐妹虽然平时经常斗嘴，但还是很在乎彼此的。

"美女，误会啊。"白泽摇着头为自己辩白。

"什么误会，他就是个流氓。打他！"站在羽羽身后的叶潇早就看白泽不顺眼了。

院子里的其他人，也都同仇敌忾地看着白泽，就连小黑也察觉到了气氛的紧张，冲着白泽不停地汪汪叫。

"你们……你们不要把我当坏人啊，我真的什么都没做。"白泽哪见过这个阵势，他真怕这些人把他暴揍一顿，所以连忙哀求着说。

白泽哀求的同时，不忘用眼睛的余光观察大家的表情。此刻他是半蹲半跪在地上，视线所及，首先看到的就是不断向他狂吠的小黑。

唉，真是虎落平阳，连狗都欺负我。白泽在心中感慨道。

匿 身

狗!

这时,他忽然想到了什么,猛地抬起头,眼睛直盯着小黑。

现在,最后一个谜团也终于解开了。想到这,白泽嘴角露出了微笑。

"看,他还在淫笑!"几个女孩见状,更加生气了,"打他!"

瞬间,无数只脚把白泽笼罩在其中,白泽也不知道被踹了多少脚,最后满身鞋印的他挣扎着站了起来。

"大家都不要再打了,案件的真相我全部都解开了!"白泽一边擦着手臂和脸上的鞋印,一边兴奋地大喊。

"好了,大家都住手吧。这确实是个误会,如果他真的想对我怎么样,我一个人就可以收拾他。"这时,欣欣已经换完了衣服,用毛巾擦着头发走下了楼。

"那好,就让他先把查出的真相说出来吧。如果推理错误,我们再收拾他也不迟。"羽羽见姐姐都发话了,也就不再追究。

白泽见自己终于可以躲过这顿暴揍,非常高兴。他连忙示意大家跟他来到餐厅。等大家都落座后,他清了清嗓子,开始了自己的推理秀。

5

"那我就先从第三起案件说起……"

白泽的话刚说了一句,就被羽羽打断了:"为什么要从第三起案件说起?"

"因为,在第三起案件中,我是最大的嫌疑人,所以我必须先解开第三起案件中凶手使用的远程杀人手法,洗清自己的嫌疑。这样才能以侦探的身份继续后面的推理。不然,一个嫌疑人当侦探给大家分析案情,可能会有人不服。"白泽口中的"有人",就是特指李思,"好了,我继续刚才的推理。为了方便表述,我暂且把凶手称为L。"

听到这,李思"哼"了一声,他知道这个L就是指自己。

白泽没有理会李思,继续说道:"在第三起案件,也就是大舅自燃的案件中,我之所以被当成第一嫌疑人,就是因为在大舅遇害之前,我是最后一个离开窗口的,所以有人觉得我最有机会设下机关害死大舅。除非……凶手使用了某种远程的杀人机关。也正是因为迟迟解不开机关之谜,我才被大家怀疑。现在,我终于解开了这个谜团。

匿 身

"在大舅出现在窗口之前,我和欣欣也曾经先后去了窗口,但是为什么我们没有触发机关,大舅身上和我们两个有什么不同点?这个问题困扰了我很久,最后,我终于想到了,那就是身高。"

"身高?"

众人一下子喧哗了起来,白泽趁机打量了一眼李思,发现他的脸色有点微微泛白。

"没错,就是身高。这个远程杀人机关,就是利用了大舅的身高。早先,我在案发现场发现了这个,"白泽说着,从口袋中掏出了那截放在塑料袋中的金属丝线,"凶手就是把它设置在花楼的天棚上,因为这条金属丝线非常纤细,而且外表是黑色,所以在这连绵的阴雨天里,肉眼很难发现。而它从天花板垂下的高度,应该是距离地面一米八五左右。也正是因为如此,在大舅之前来到窗口的我和欣欣都没有碰触到它,而等我们离开后,身高一米八五的大舅来到窗口,他踮脚够帽子的时候,头顶正好碰到了这条金属丝线。"

"这么一条丝线就能让人自燃?"羽羽从白泽手中抢过塑料袋,反复打量起金属丝线来。

"只有金属丝线当然不能让人自燃,所以,这根金属丝线

的另一端是接在电源上的。"

"啊！电源？"

"难道大舅是被电死的？"

"我以前看过一个视频，人碰到高压电线确实身体会被烧焦。"

这下，现场再次陷入了混乱。白泽也不着急维持秩序，他巴不得大家讨论得更热闹一些，这样他接下来解开真相的时候，大家才会更震撼，也会更加对他另眼相看。

等了一会儿，现场总算安静了下来，白泽这才不慌不忙地开口："大舅当然不是被电死的，如果是电死的话，身体应该会被瞬间烧焦，而不是全身起火。"

"那你刚刚不是说，金属丝线的另一端是接在电源上吗？"叶潇不解地问。

"没错啊。但并不是所有电源都可以电死人。对人来说，安全电压是三十六伏，就好像一个电池，你手指分别放在电池的两端，电流也会从两指间通过，但你并不会感到什么不适，因为电池的电压在安全值之下。所以，金属丝线的另一端，连接的应该是对人体没有危险的低压电源，例如电池之类的。当大舅的头发碰到带电的金属丝线的一瞬间，电流从他的头顶传导到了脚下,电流贯穿整个物体后会产生电火花。当然,这电火花可能很微小,并不足以生成火焰。但是,如果有助燃物的话就不同了。"

"助燃物?"

"没错,例如白磷这种燃点很低的物质。凶手把它事先涂在花楼窗户前的地板上。我们无论谁踩上去,都不会引燃白磷,因为我们的头碰不到带有电流的金属丝线。只有身高一米八五的大舅才有可能头顶和脚下同时接触到电流和白磷,所以当他来到窗前的时候,脚下的白磷瞬间被电流通过身体产生的电火花引燃,然后扩散到全身。我想,L甚至可能在大舅的衣服上喷洒了一些酒精来助燃。这样,白磷燃烧后才能迅速地点燃大舅的衣服。大舅平时非常喜欢喝酒,身上即便有一些酒精的味道,大家也不会太在意。"说完最后的推理,白泽微笑着望着李思,露出了胜利的微笑。

6

"你的意思是,凶手在花楼窗口的天棚上垂下了一条带弱电的金属丝线,然后又在花楼窗口的地板上涂了白磷之类的低

燃点物质,还有可能在大舅身上也喷洒了助燃的酒精之类的东西。所以当大舅来到窗前,头和脚同时接触到电流和白磷,才会瞬间起火。而我俩因为身高不够,碰不到金属丝线,所以没法触发这个远程杀人机关?"欣欣怕在场的人不明白,用自己的语言把白泽的推理又复述了一遍。

"没错。至于弱电电源、金属丝线和白磷,这些都在火灾中被烧毁殆尽,所以L完全不需要再回到现场处理远程杀人装置。但是他没想到,居然会在天棚上残留下一小截金属丝线。我想,这应该是大舅的在天之灵保佑,让凶手没办法逍遥法外吧。当然,如果不是我,就算别人发现了这截金属丝线,也不会猜出L的诡计。"白泽时刻不忘吹嘘自己。

"你的推理倒是很精彩,不过不知道有没有什么证据,神探?"一直被白泽压制的李思,终于开口还击了。

"磷在燃烧后会形成白色的五氧化二磷,虽然被救火的水冲刷掉了大部分,但我还是在地板残骸的缝隙中发现了一些白色的粉末。至于算不算证据,等到警方来,化验之后就知道了。"不得不说,白泽的这个撒手锏确实厉害,瞬间让李思哑口无言。

"好了,第三起案件中L使用的远程杀人机关我已经解释清楚。所以,我的嫌疑也已经被洗清了。此刻我就以侦探的身份,再来讲解第二起案件中,L所使用的手法!"白泽环视了在场的人一圈,见没人有异议,便得意洋洋地继续说道,"在第二起案件中,最关键的谜团就是峡谷西边的假李思是如何神秘消失的,而村子里的真李思又被藏在哪里?在这里,我先来解释第二个问题。李思被藏在萨克医生的尸块堆里,盖上塑料布。因为根本没人愿意去检查尸块。所以尸块堆就是这个村子里唯一可以藏匿人的地方。"

"啊!"听到这个解答,在场的人都张大了嘴。

"然后,我再来解答第一个问题,假李思是怎么失踪的。因为他根本就不存在。"

这下,连村长都忍不住插嘴了:"怎么会不存在呢?明明我们都看见了。"

"就是就是……"其他人跟着附和道。

"你们确定当时看到的是人吗?"白泽微笑着说。

"不是人难不成是鬼?"羽羽有点抬杠地说。

"我们当初看到的,只不过是一个模糊的人影。因为穿着李思的衣服,所以我们才一厢情愿地以为那就是李思,或者是别人伪装成的李思。但其实,那根本不是人,而是一个穿着李

思衣服的泥人!"

"泥人?"听到这,羽羽简直要笑喷了,"你们家泥人会跑啊!来来来,你告诉告诉我,我们看到那个泥人后,他是怎么失踪的?"

"这很简单,因为他被水冲刷后,就尘归尘、土归土、泥归泥了。"

"可是,白先生,就算对方是个泥人,也不会被雨水冲刷得一点痕迹也没有吧。"这时,村长也提出了自己的异议。

"我也没说是雨水冲刷的。"

"不是雨水是什么?"大家越听越糊涂了。

"我知道了,是祭祀广场上池子里的水!"刚刚才被高压消防喷头浇个透心凉的欣欣脱口说道。

7

"L先把李思藏在尸块堆中,然后自己也藏在里面。等到我们大家来到祭祀广场,看到他事先堆起来的泥人李思并离开后,他才从尸块堆里爬出来。然后利用广场上的水泵和高压消防喷头,把泥人李思冲刷成一摊泥水。所以,我们赶

匿 身

到西峡谷的时候，看到的只有满是泥水的衣服以及插在衣服上的柴刀。我们一直被消失的足迹误导了，以为对方使用了什么让足迹消失的诡计。其实西峡谷根本没有出现过人，自然也就不会有足迹了。"白泽接着欣欣的话，说出了自己的推理。

"泥人？真的能够以假乱真吗？"羽羽对这个解答还是有所怀疑。

"泥人当然不可能做得像真人一样逼真，如果在我们面前，应该一眼就能看出来。但是当时泥人在西峡谷，距离我们有二三十米，而且天空还下着雨，所以我们看到的只不过是一个穿着李思衣服的模糊人形而已。"

"那这个消防喷头，可以喷那么远吗？"羽羽继续问道。

"应该是可以的，刚才我做了下测试，那个喷头里的水，可以喷出很远。关于这一点，陈瑜兄应该比我专业。"白泽说到这，求助似的看了看陈瑜。

"我以前干过建筑施工，所以对这些器械比较了解。所以我就来班门弄斧一下。"比起白泽，陈瑜还是很谦虚的，"在上次救火的时候，是我操作的发电机和水泵，高压消防喷头我也顺便检查了一下，这个喷头是可以调节压力的。以我的经验，

226

它的喷射距离应该是十五到五十米之间。"

"是的……"这时，村长站出来补充道，"因为我们这个村子地处偏僻，交通不便，有一次一户村民家起了火，虽然最后被大家奋力扑灭，但是这给我们敲响了一个警钟，所以我们全体村民经过商议后，集资买了这套消防设备。设备是当初乌旺进城购买的，听他说最远可以喷到五十米外。"

"喷射距离五十米，再加上几十米的水管，应该可以覆盖整个村子了。"陈瑜低头估算了一下后说。

"不过……"这时，欣欣发现了一个很关键的问题，"这套消防设备，为什么要放在祭祀广场上呢？万一村子在夜里发生火灾，你们不是没有办法使用这套设备吗？"

"这个问题我们也是事后才发现的。不过因为村子里唯一的水源就是祭祀广场上的水池，我们平时日常用水都是白天从那里取来，然后存放在各家各户的水缸里。所以，就算知道放在那有夜晚不能使用的弊端，但是也没办法。"村长的回答也显得有些无奈。

"好了，大家不要跑题。我继续之前的推理，既然陈瑜兄帮我们科普了这套消防设备的性能，也证实了消防喷头里的水可以射到二三十米外西峡谷的泥人李思，那么假李思消失的谜

匿 身

团自然也就迎刃而解了。那个穿着李思衣服的泥人,在我们赶往西峡谷的那一个多小时内,被L用消防喷头从祭祀广场上喷成了泥水。因为泥人要维持成站立的人形,所以应该还是比较牢固的,只有大压力的水流,才有可能把泥人彻底还原成泥土,然后进一步变成泥水……"

"你的推理有一个致命的漏洞……"这时,一直沉默的李思忽然笑了起来。

"什么漏洞?"大家齐声问道。

"我想,你指的应该是L制作泥人的时间吧。"白泽看来已经考虑到了这一点,所以不慌不忙地回答,"发生第一起案件后,村子很快就被木栅栏封锁了,所以L制造泥人的时间应该是在第一起案件发生之前,甚至是在我们这些外来者到来之前。从制作好泥人到我们目睹到假李思这几天时间里,这个泥人为什么不会被持续的暴雨冲毁,我想这就是你所说的漏洞吧。"

听到这,大家一同望向李思。见李思点头表示同意后,白泽继续说道:

"关于这一点,很容易回答。因为L事先在泥人上面搭了一个简易的木棚,然后用塑料布搭在上面,遮挡住泥人。他这

么做的目的有两个：一是避免泥人被雨水冲毁，二是防止有人过早在祭祀广场上发现西峡谷的泥人。

"至于简易的木棚，应该是搭在泥人头顶的树枝上，不用很复杂，一根木棍就足够了。然后再把塑料布搭在木棍上，遮住泥人。

"L在搭棚子的木棍一端绑上一根绳子，绳子的另一端绑上一块大石头。然后把大石头放在峡谷边缘，用一根木棍卡住。再用泥土掩盖住绳子和石头，以免被人发现。

"做完了一切准备工作的L，接下就等待着大家发现李思失踪。他知道大家最后肯定会找到祭祀广场上来。所以他一直在祭祀广场上观察，当发现我们挨家挨户寻找李思的时候，他立刻启动了发电机和水泵，而雨声正好掩盖了发电机和水泵工作时的声音。L用高压水流把卡住石头的木棍喷倒，石头失去了束缚，滚下峡谷，绳子拉动简易木棚和塑料布，把它们也带入了峡谷下面。这样，泥人才暴露在雨水中。

"这之后，L连忙关闭了发电机和水泵，用塑料布重新盖好，接着就藏在了盖着尸块的塑料布下面。几分钟后，我们在村中寻找李思无果，最后来到了祭祀广场。而那个泥人，因为才在雨水中暴露几分钟，所以并不会被雨水冲毁……"

8

"你的意思,是根本没有共犯?"听完白泽的推理,林芸忍不住问道。

"是的,一直以来,我们都被 L 误导了。以为有共犯的存在,然而却不知道 L 怎么和共犯联系,所以才陷入到骗局的泥潭中无法自拔。现在,我们知道 L 不需要共犯,自然也就不会再受这个问题困扰了。"白泽得意洋洋回答的同时,还不忘观察李思的表情。

果然,如白泽期待的,李思再次开口道:"就算第二起案件不需要共犯,但是第一起案件肯定得需要共犯吧。因为在深夜,村民们是不可能把医生的尸块运送到祭祀广场的。除非……凶手就是你们这些外来者,这样才不需要共犯。"

听到李思再次把矛头对准他们,在场的外来者都有点不高兴,但是他们又不得不承认李思的逻辑没问题,所以都不知道该如何出言辩驳。最后,还是白泽开口道:"你的逻辑基本没错,但是有一点点的小漏洞,就算 L 是村民,他也可以不靠共犯的帮助,就把尸块运送到祭祀广场上。"

"怎么运送?"李思紧盯着白泽问道。

"你不要着急。接下来我就给大家解答第一起案件的真相。"白泽知道这个答案将是压垮李思的最后一根稻草,所以此刻非常兴奋,"我们一直以为第一起案件中凶手有村外人充当共犯,帮助他运送医生的尸块去祭祀广场,所以才觉得这起案件没有什么诡计。其实,这起案件的诡计才是三起案件中最精彩的,因为这是一个人也可以运送尸块到祭祀广场的诡计。"

"你的意思是说凶手是村里人,但是他却可以在夜里把尸块运送到祭祀广场上。"欣欣嫌白泽太磨叽了,所以替他总结。

"没错!"

"这怎么可能。我不是说了,村民们在夜里是绝对不会进入祭祀广场的。"这时,村长站了出来,"所以,凶手如果是我们村里的人,绝对不可能不借助共犯就把尸块运送到祭祀广场。"

越是有人质疑,白泽就越兴奋,因为他知道,这样接下来的解答才会让大家更震惊:"不好意思,我的表述有点不太清楚。我的意思是 L 没有村外人作为共犯,但其实他还是有帮凶的,只不过这个帮凶不是人……"

"不是人?难道又是泥人?"羽羽脑子彻底混乱了。

"当然也不是泥人,而是……"说着,白泽向前方伸出手指。

大家顺着白泽手指的方向,一起移动着视线,当所有人的视线都汇集到一点时,在场的人不由得都惊呆了。

原来,白泽手指的居然是小黑。

"我明白了……"

聪慧的欣欣立刻明白了全部的真相,但是她的话才说了一句,就被白泽打断了。此刻,白泽是不会让别人替他出风头的,即便是欣欣这样的美女也不可以。

"没错。L的帮凶就是小黑。小黑不是人,所以不用顾忌村里的规矩,可以在夜里肆无忌惮地进入到村里的禁地——祭祀广场。一开始,看到医生被分解的尸体,我以为是L痛恨他才这样做的。现在想来,应该是小黑叼不动整具尸体,所以L才把医生的尸体分解成一块块的,以方便小黑叼去祭祀广场。

"就这样,在夜里,小黑一趟趟地往返于祭祀广场和分尸地点,最后终于把所有的尸块都运送到了祭祀广场上。陈瑜当

晚说曾经看到过黑影，其实那是小黑的影子，因为脚步声的关系，才让陈瑜误以为那是人影。而这之后，陈瑜就被监督小黑运送尸体的L从背后打晕，然后拖到了村外的树林中。

"另外，每个尸块上捆绑的绳子，表面上看是制作成'走婚'步骤中的'腊肉'，是比拟杀人的第一步，其实却是为了方便小黑叼着运送。因为如果没有绳子，直接叼着尸块的话，在尸块上很可能会留下齿痕和唾液。所以，我们一直以为的比拟杀人，其实不过是为了掩饰第一起案件中绳子真正作用而采用的障眼法而已……"

第十三章

动　机

匿 身

1

"说到这,大家应该都知道 L 是谁了吧。虽然在第二和第三起案件中,任何人都可以实施我前面提到的诡计,但是在第一起案件中,能够让小黑驯服地帮他搬运尸体,应该只有一个人可以做到。"

此时,大家的目光都集中到了李思的身上。李思比大家想象中要冷静得多,他毫不慌乱地笑着说:"你说的这些都是你的猜测,证据呢?有什么证据能够证实凶手确实使用了你说的这些诡计?又有什么证据能够证实使用这些诡计的就一定是我呢?"

"这不是推理小说,我也不是侦探,所以我现在还没有可以确定你就是真凶的线索。但是我找不到线索,不见得警察也

找不到。我相信等到明天警方来后,根据我提供的思路,按图索骥去寻找线索,一定可以找到能够将你定罪的决定性线索!"白泽说的都是实话,毕竟他们这些半吊子推理迷能够获得线索的渠道有限,警方到来的话,一定会有更多的技术手段去寻找线索。

听到这,李思也不再做过多的辩驳,他站起身来,转身离开了餐厅。夏菁见状,连忙追了出去。

"看来他应该是默认了。"村长望着李思的背影,叹了一口气,"没想到会是这个孩子。"

"虽然你给我们讲解了三起案件中凶手使用的手法,但是对于这几天发生的一系列事件,我还是理不清头绪。你能帮我们再从头讲一遍吗?"这时,叶潇说出了在场大部分人的想法。

"好的……"

白泽刚说了两个字,就被欣欣打断了,她知道一旦让白泽讲起来,肯定会滔滔不绝、磨磨叽叽个没完,所以她抢着说:"还是我替你回答吧。"

白泽虽然不情愿,但是又不好公开得罪自己心仪的美女,只好点头同意。

匿 身

"那我就先从最开始的暴雨说起。不管李思出于什么目的想要杀死萨克医生和大舅,可以肯定的是,他早有预谋。他很早前就计划好了一切,不过迟迟没有实施,就是在等待一个契机——雨季。

"第一起案件需要借助雨水冲刷掉捆绑尸块的绳子上的痕迹。第二起案件需要使用到防止尸体被淋湿而盖在尸块上的塑料布,制造泥人消失之谜也需要雨水来掩盖高压喷头的喷水痕迹。而第三起案件,也需要借助暴雨来灭火和冲刷掉证据。所以,这一连串的案件可以说必须要在连雨天才能实行。

"李思在这个地方生活了二十多年,他知道每年的雨季是什么时候,也知道什么时候会长时间降雨。所以,他在暴雨将至之前,先在西峡谷制造了泥人,并给它穿上自己的衣服,然后再在背后插上从大舅家偷来的柴刀,接着用简易遮雨棚把泥人掩盖住。

"暴雨的第一天,为了确保有一定人数的外来者被困在公路上,从而达到前往他们村子借宿的目的,李思预先在公路的前面设置了落石。关于这一点,应该很容易做到,他只需要爬到山坡上面,撬下一些石块阻住去路就好,然后再赶往后方。

这一路上他计算好经过的车辆里的人数,然后在适当的位置再次设置落石,阻挡这些车辆的回程。我们在路上曾经遇到一个骑着摩托车的人,应该就是往返公路两端设置落石的李思。我记得我们第一次见到李思的时候,他的裤子已经完全湿透了,这应该就是他骑摩托车奔波于公路两端的时候淋湿的,他虽然身上穿着雨衣,但是裤子却是暴露在雨水之中的。如果他一直待在村子里,裤子是不可能湿成这样的。现在回想起来,他很早以前就在我们面前露出了马脚,只不过因为当时案件还没发生,所以我们都没有理会这件事。"

"我们村子里确实有一辆摩托车,是公用的。平时如果有人需要外出,就会骑摩托出行。所以,车钥匙是一直放在摩托车上的。"村长听到这补充道。

"李思对这里的路径非常熟悉,而且又是先于我们回到的村子,为什么不去换上干净的衣服?"陈瑜又提出了新的问题。

"我想,应该是没有衣服可换了吧。"欣欣早就想好了答案,"这个村庄,经济条件不是很好,所以很可能每个村民只有一两套正装。李思的一套衣服已经穿在了泥人身上,所以身上的这套应该是剩下的唯一一套传统服装,所以没得换。"

匿 身

"可是，他在外面读了四年大学啊，应该有便装可以换吧。"羽羽也提出了她的疑问。

"这一周以来，我观察到这里的居民平时在村子里都是穿传统服装的，应该只有在外出时才会穿上便装。李思这次是偷偷出去制造路障，为了防止被别的村民撞见，所以他只能穿着传统服装出去……"在欣欣给出最后的解答后，大家终于没有任何疑问了。

"没想到，居然从那么早开始，我们就掉入了李思的计划之中！"羽羽听到这，忽然感到极度恐惧。

2

"在确定一定人数的外来者——也就是我们，被困在公路上后，李思就抄近路回到了村子。几个小时后，我们这些人来到村子里借宿。晚饭之后，大家各自回家。李思应该就是在半夜的时候杀死了萨克医生，并将尸体分解，然后让小黑一块块叼到了祭祀广场上的指定地点。我想，这之前李思就应该偷偷训练过小黑很多次。在小黑运送尸体期间，碰巧被外出抽烟的陈瑜发现，情急之下李思从后面打晕了他。

"陈瑜的意外出现虽然不在计划内,但是李思感觉可以利用他,于是把他拖到村外的森林中,并且把分尸用的柴刀放在了他的身边。希望可以成为'柴刀'这一环节的比拟杀人案件。

"但是我们却迟迟没有发现绑成腊肉形状的尸块和柴刀之间的联系,所以李思无奈之下只好执行原计划的第二步。他先藏在祭祀广场上,他知道关心他的夏菁在中午找他吃饭时如果找不到他一定会着急地通知大家。因为从祭祀广场可以看到整个村子,所以他等着大家马上就要搜寻到祭祀广场的时候,立刻用高压消防龙头喷开遮盖泥人的简易木棚的机关,让木棚掉入峡谷。然后他收拾好消防器材,自己躲在盖着萨克医生尸块的塑料布下面。

"来到祭祀广场的我们,谁也没有想到去检查尸块堆。这时,我们发现西峡谷穿着李思衣服的泥人,所以我们匆忙赶去对面。当我们全部离开祭祀广场后,李思从尸块堆中爬出来,再次启动高压消防龙头,把西峡谷的泥人喷毁,只剩下一摊泥水。完成了这一切之后,他就偷偷跑出祭祀广场,藏在了萨克医生家,因为我们之前已经检查过那里,所以那里是当时最安全的地方。

匿 身

"在萨克医生家躲藏了一天后,李思自己用某种手法打伤了自己,然后让小黑去村口找人来发现他。接着他就可以名正言顺地躺在病床上等待着第三起案件的发生……

"第三起案件的远程杀人机关,应该也是李思在我们抵达前就已经布置好的。他和夏菁关系那么好,趁其不备进入她的花楼布置机关应该非常容易。因为这个机关必须身高一米八五以上的人才能触发,所以他完全不用担心夏菁会被机关误伤。而夏菁花楼上的帽子,应该是李思藏匿在萨克医生家那一晚偷偷溜出去挂上的,那晚夏菁因为害怕而和我们住在一起。

"当白泽推理出凶手是按照走婚的步骤杀人的时候,大家自然就会挨家去查看花楼,这都在李思的计划之中。万一我们没人想到这一点,我想他应该也会假装不经意地提醒大家。我们一路查找到夏菁家花楼的楼下,发现了帽子。不管我们谁去花楼查看,大舅因为对我们这些外来者不放心,肯定都会跟上去。而取下帽子的时候,我们这些人都够不到,只有大舅才能够到。因此他才触动了机关引发自燃。

"以上,就是我们来到村子后发生的一系列案件的全部经过。我想,李思想杀的人,从始至终就只有萨克医生和大舅两

个人。至于动机是什么，我就不知道了。

"最后我来说一下证据。按照李思的计划，警方来了后，一下子面对三起案件，在取证方面难免会有疏漏。李思就是在赌警方查不到可以证实他犯罪的证据。但是，现在因为有了白泽的推理，解开了李思在三起案件中使用的诡计，警方的调查取证只需要针对性地查找相关证据就可以了。例如着重化验捆绑尸块绳子上小黑留下的痕迹，泥人李思穿的衣服上残留的泥土，还有白磷和金属丝线的采购途径等等，应该就可以从中发现证实李思就是凶手的证据。"

听完欣欣这么长的叙述，在场的人终于清楚了整个事件的来龙去脉。他们在痛恨李思的同时，也有一丝佩服他能够想出这么复杂的杀人计划。

"听完你的分析，我发现我前面的推理犯了一个至关重要的错误。"这时，一向喜欢炫耀自己的白泽忽然主动承认起错误来。

"什么错误？"这意外的反转让大家都目瞪口呆。

"这起案件其实还是存在着共犯的。而这个共犯，应该是可以让李思认罪的关键！"白泽说完，把目光定格在现场的某个人身上。

匿 身

3

"我说的没错吧,你就是共犯!"白泽盯着林芸说道。

林芸的脸虽然遮挡在口罩后面,但从眼神中还是可以感受到她的慌乱。

"你说林芸是李思的同伙?这不可能吧。"虽然和林芸才相识不到一周,但是羽羽已经把她当成了好朋友,连忙站出来替林芸争辩。

"就是,我知道林芸喜欢李思,但应该属于一见钟情那种吧。她怎么可能是李思的同伙,他们明明都没有说过话。"叶潇也站出来替林芸说话。

"正因为他们是共犯,所以才假装成不认识的样子。"面对两个美女的辩解,白泽只好耐心解释道。

"如果林芸和李思事先认识,为什么村子里没人认识她?就算她经常戴着口罩,但也不可能一个人也认不出来吧。"陈瑜也提出了自己的质疑,并且转头看向村长求证。

"来过村里的人,我都记得。我敢保证林芸姑娘之前没有来过这里。"村长站出来证实道。

"她和李思不见得就是在村子里认识的。你们不要忘了，李思可是在外面读过大学的，我想他们应该就是那时认识的吧，甚至有可能他们就是大学同学。"白泽说出了他的推理，大家感觉有些合理，但还是不能接受林芸是李思同伙这个事实。

"你既然这么肯定林芸是李思的同伙，应该有什么证据吧。"欣欣是在场的人中最冷静的。

"我当然有证据，而且不止一个……你们回想下，当你们被困在公路上的时候，是谁发现这里的？"

关于大家在公路被困，然后无意中发现村子，所以赶来借宿的经过，在酒桌上都已经互相讲过了。听白泽这么一说，欣欣和羽羽回想了一下，惊呼道："是林芸！"

"没错，林芸的工作就是确保你们这些被困在公路上的人发现村子，然后到村子借宿，从而成为这一系列案件的替罪羊！"

"只凭这点你就断定她是李思的同伙？"羽羽还是不相信白泽的推理。

"当然不止这一点。你们还记得林芸遇到你们的时候是怎么说的吗？"白泽继续问道。

动机

245

匿 身

"她说在休息区去卫生间的时候,司机没有注意到她,把大巴开走了。她打了电话,司机才察觉,打算回来接她。她为了早点赶上大巴,所以往前去迎一迎大巴,结果因为突降暴雨,大巴被落石阻挡过不来,她只好在树下躲雨。"因为这些事都好像发生在昨天一样,所以羽羽很快就想了起来。

"那你还记得她当时随身带了什么吗?"白泽的问题越来越多,大家不知道他到底想干什么!

"拉杆箱!"这时,欣欣终于明白了白泽问题的关键所在。

"没错,就是拉杆箱。请问你们乘坐大巴在休息区去卫生间的时候,会把装着行李的拉杆箱一起带下车吗?"白泽对欣欣的推理能力表示肯定。

"不会。"羽羽和叶潇异口同声地回答。

"所以,林芸所说的被司机遗忘根本就是谎话。她的目的地就是和你们相遇的那个地方,所以她是带着所有行李,主动提出要下车的。关于这一点,我们只要找到当时的司机,应该就会知道答案了。"

当白泽说出这句话的时候,林芸浑身开始剧烈地颤抖起来。她没想到自己居然这么早就已经露出了马脚。

4

"既然你早就发现了她的谎言,为什么等到现在才说?"羽羽忽然责怪起白泽来,她觉得如果白泽早点指出林芸的问题,那么之后的案件可能都不会发生了。

"美女,你这是本末倒置啊。我也是刚刚听完欣欣的分析后,想到林芸好几次都充当了发现者的角色,才开始怀疑她的。再回想起你们当时在酒席上述说的相遇经过,才发现这个关键疑点的。"白泽苦笑着说。

"发现者?"听到这个词,在场的几个人都有点不理解。

"在公路被困时,是林芸发现了这个村子,然后你们才来到这里。陈瑜失踪的时候,是林芸发现了通往祭祀广场的隐蔽入口。在李思失踪案里,又是林芸发现了西峡谷的泥人李思,所以我们才赶往对面。因此我想,林芸这个共犯,在这一系列案件中唯一的作用,应该就是充当发现者,指引着我们一步步走进李思事先制订好的犯罪计划中……"白泽说到这,眼睛里闪烁着光芒,"林芸并没有实际参与到犯罪中,只是起了一个引导的作用。我想应该是李思很在乎她,不忍心把她牵连进来。也正是因为如此,林芸才成了这一系列案件的突破口。我相信从大巴司机的口供和手机通话记录上,都可以证明林芸最开始的说辞是谎言。如果再进一步调查她和李思的社会关系,应该会找到他们交集的地方。"

"没错,我确实说谎了。我这次的目的地就是这个村子。所以我是在中途主动下车的。"林芸知道隐瞒不下去了,承认了一切,"我也确实认识李思,他是大学高我两个年级的学长。我一直喜欢他,这次来这里也是想来找他告白。"

"那你看到他为什么装成不认识的样子?"白泽对林芸的坦白非常不满,觉得她依旧在狡辩。

"因为我看到他身边有夏菁这样美丽的女孩,而我却很丑。我突然感觉自己配不上他,所以才装成不认识他。"

"那他为什么又装成不认识你?"白泽继续逼问。

"他可能是怕夏菁误会我和他的关系,所以才假装不认识我吧。"

林芸的回答虽然牵强,但从逻辑上是没问题的。白泽没想到对方居然还留着这一手,一时也无言以对。白泽这时发现他再一次低估了李思。既然李思决定让林芸当他的共犯,一定会帮她想好所有的退路。

林芸这张牌本来是个很好的撒手锏,但是却出早了,大好的机会被自己白白浪费。白泽心里十分懊恼。

"既然你是来找李思的,为什么还要拦住我们的车呢?"欣欣看出了白泽的懊恼,想帮他再挖掘出一些线索。

"我本来是打算独自来村子里找李思表白,但是没想到忽然下起了暴雨,我害怕山路不好走,想找个人作伴,这时忽然看到了你们的车……"林芸的解释依然很牵强,但又不是完全不合理。这种界限模糊的回答,让欣欣也感到无能为力。

"那你在祭祀广场上看到峡谷西的假李思,也是无意中发现的呗?"

"嗯。"林芸点了点头,这个回答天衣无缝。

"看来如何应对警察的询问,他们事先就已经商量好了,我们再追问下去也没用。"白泽无可奈何地说完,扑通一声坐回到椅子上……

5

"你做的这一切,是不是都是为了我?"

在老祖宗房间的外屋里,夏菁泪眼婆娑地望着李思问道。

匿 身

李思回头望了望里屋的老祖宗,她正对着火塘抽着烟袋。这个距离,已经耳背得厉害的老祖宗完全听不到他们的谈话。

"没错。萨克那个老东西死有余辜。"李思咬牙切齿地说。

"那大舅呢?"夏菁追问道。

"他的身份你现在还不知道?"李思吃惊地问。

"什么身份?"

"不知道更好。"李思不想回答这个问题。

"事到如今,你还有什么可瞒我的?"夏菁哀伤的表情瞬间融化了李思。

"好吧。"李思沉默了一下,然后开口说,"乌金就是当初抛弃了你和你母亲的那个男人!"

"啊!"听到这,夏菁吃惊地捂住了嘴,旋即,泪如雨下。

二十年前。

一个孕妇躺在花楼上,与别人家生产时的热闹景象不同,她的身边很是冷清,只有一个留着山羊胡的年轻医生。

年轻医生满头大汗地忙里忙外,产妇虽然疼痛难忍,但是她坚毅地咬着牙,不让自己喊出声来。直到最后,随着一声婴儿的啼哭,她紧绷的神经终于再也忍受不住,也跟着孩子一起

痛哭了起来。不过这哭声中,更多的是包含着喜悦。

"是个男孩。"年轻医生兴奋地说。

听到这,年轻妈妈的脸上立刻愁云密布。在城里,生了儿子皆大欢喜,生了女儿在外人面前都抬不起头。而在她们的氏族,正好相反,生了儿子被称为赔钱货,只有生了女儿,才不会被人笑话。

如今自己不但被心上人抛弃,生下的又是个儿子,这让自己怎么在村里立足。想到这,年轻的母亲忽然产生了一个大胆的想法。她伸出虚弱的双手,紧紧握住年轻医生的手。她知道这个年轻人一直对她很有好感,但是自己并不喜欢他。可是事到如今,自己只能寻求他的帮助……

第二天,全村人都知道她生了一个女儿,大家都替她高兴,她也感到非常欣慰。而她也兑现了对年轻医生的承诺,心甘情愿地委身于他。

因自小被当作女孩来养,男孩的言行举止已与女孩没有多大区别,再加上模样清秀瘦弱,理所当然地被村民当作是位姑娘。而"她"的秘密,只有三个人知道。分别是"她"的母亲,每晚都偷偷前来和母亲约会的医生,还有常来找"她"玩耍

匿 身

的男孩。

"女孩"逐渐长大，母亲的身体却一日不如一日。村子里缺乏必要的医疗条件，母亲又不愿意进城治疗，最终在四年前，死在这个她从没踏出过一步的山村里。

失去了母亲的"女孩"伤心不已，然而等着"她"的厄运才刚刚开始。失去了恋人与心灵寄托的医生，每天悲痛不已，常常将自己灌得烂醉。在醉眼迷离中，望着照顾自己的"女孩"，隐然有心上人的模样，医生心中的怨恨之气更甚，便不由分说地对"女孩"秽言相对，拳打脚踢，严重的时候则棍棒相加。"女孩"忌怕医生泄露自己的秘密，再加上本身并没有多少谋生技能，常常敢怒不敢言。

这一切，都被来找"女孩"玩耍的男孩看在眼中。从那时起，男孩无时无刻不在谋划完美计划，寻找机会，除掉医生，救"女孩"脱离苦海，还"女孩"自由……

尾 声

两天后。

"白先生,根据你提供的线索,警方果然在峡谷下面找到了绑着石头的简易木棚,绑着尸块的绳子上也检测出了小黑的DNA。"村长向聚集在老祖宗家餐厅里的人汇报案件的最新进展。

"不过,这些证据并不能指证李思就是凶手。他设置所有机关以及杀人分尸的时候,应该都是戴着手套的。"白泽的反应并不兴奋。

"我的话还没说完。警方还在花楼的残骸中发现了一只没有完全烧毁的橡胶手套。手套表面的血迹,化验后确定是萨克老弟的,而在胶皮手套的里面,则检测到了李思的指纹。"村长见状,连忙补充道。

听到这,白泽一拍大腿:"我懂了。因为棉布手套会被血

匿 身

液浸透，所以李思在分厂时戴着的是橡胶手套。在花楼设置远程杀人机关的时候，李思应该把之前用过的手套都藏在了花楼的地板下，这样在花楼起火的同时就能够把手套也一起烧毁。但是没想到天网恢恢，手套并没有被完全焚烧干净，从而成了认定李思是凶手的决定性证据。"

"李思为什么不提前把手套销毁或则丢到峡谷里呢？"羽羽不明白李思为什么会作茧自缚。

"胶皮手套不同于普通的棉布手套，焚烧的时候会产生很大的气味，很容易被人发现。而丢到峡谷底下，也有被人发现的可能。所以藏在花楼里，当大舅被杀人机关杀死的同时，可以一举两得把手套也一起烧毁。因为花楼里有很多物品，所以当时就算产生了胶皮燃烧的气味，也不会有人怀疑。"白泽耐心地解答说，"这个销毁证据的方法其实挺巧妙的，幸亏老天有眼，手套没有被完全烧毁。不然，我们就算解开了李思的杀人诡计，也找不到可以给他定罪的证据。"

"在证据面前，李思也不再抵抗，他坦然承认了自己杀死萨克和乌金的罪行。但是对于杀人的动机，他却闭口不提。"村长说到这，叹了口气。

"每个人都有不想让人知道的秘密，为了这个秘密，他不

惜杀死两个人。现在既然已经认罪,死刑也在所难免,他自然不会再向警方坦白他的动机。我想,他是想把这个秘密带进棺材。"虽然李思之前一直处处针对自己,但是一想到这个和自己博弈良久的同龄人很快就要告别这个人世,白泽还是觉得有点惋惜。

"因为罪犯已经被抓获,案件告破,所以警察说你们现在可以离开了。"

村长的这句话,是大家期待已久的,但是此刻,在场的所有人却没有任何喜悦之情。

"林芸怎么样了?"羽羽关心地问。

"李思一直不承认林芸是自己的帮凶,而警方也没有证据,所以她也被释放了。"村长回答。

"那夏菁呢?"白泽着急地问,他觉得现在是安慰她的最佳时机。

"因为发生了这么多事,夏菁一时难以接受,所以一度想要自杀。"

"啊!"听到这,大家都惊叫了起来。

"后来在李思的开导下,她终于放弃了这个念头。不过她说也不想再在村子里待了,所以她决定和林芸一起去她的城

尾声

匿　身

市，一边打工，一边学习，开始新的生活。"村长说着，抬头望着天空。这个决定，对夏菁来说是一个不错的选择。

午后阳光照射下的树林，斑驳的阳光投射在散发着泥土芳香的地面上。两个"女孩"并肩行走着。

"你想好了吗？"一个戴着口罩的女孩向身边的另一个"女孩"问道。

"放心，我不会再做傻事了。这是他用生命替我换来的重生机会，我一定会好好珍惜，好好活下去。"另一个"女孩"回答。

"以哪种身份？"口罩女孩继续问道。

"过去的身份已经被我丢弃在村子里了。以后我要以新的身份继续活下去，这不仅仅是我一个人的人生，我要代替他去好好感受这个世界。从今天开始，我就叫李思。"另一个"女孩"说着，扬起了头。在阳光的照耀下，那哀伤的表情逐渐被希望所代替。